LA DERIVA DE ESPAÑA

Enric Juliana

LA DERIVA DE ESPAÑA

Geografía de un país vigoroso y desorientado

RBA

Pérez Galdós, 36 - 08012 Barcelona
rba-libros@rba.es / www.rbalibros.com

Primera edición: marzo 2009
Segunda edición: marzo 2009

Ref.: ONFI 227
ISBN: 978-84-9867-465-1
Depósito legal: B. 17628-2009
Composición: Víctor Igual, S.L.
Impreso por Liberdúplex

Marta, cartógrafa; Cristina, vigía

ÍNDICE

PRÓLOGO

Este libro habla de geografía y de política. De geopolítica entendida como los procesos territoriales entrelazados con los políticos. Incluso de la geografía como arma para la contienda política. El combativo geógrafo francés Yves Lacoste se hizo famoso con su pequeño libro *La Géographie ça sert d'abord à faire la guerre* (editado en 1976), el AK-47 de la geografía marxista y guerrillera europea, pero se olvidó de que también podía pasar al revés: se hace la guerra para modificar o conservar la geografía. En España la relación entre geografía y política es intensísima. Posiblemente más que en cualquier país de Europa. Indudablemente más que, paradójicamente, en Francia, asentada desde hace tiempo en el dominio de la antigeografía: la victoria rotunda de París, la imposición del hexágono francés (Francia es una forma geométrica, no un país) y de sus necesidades por encima de cualquier otra consideración.

Cuando los criminales de ETA ponían bombas en la autovía de Leizarán, ¿sabían geografía y con ella hacían la guerra al Estado o hacían la guerra para conservar «su» geografía? Pero no hace falta llegar tan lejos: cuando la plataforma contra el transvase del Ebro se opone al mismo (o cuando el Partido Popular se lanza a la piscina, nunca mejor dicho, en sentido contrario), ¿se combate políticamente la modificación de una geografía natural o se aprovecha la geografía para combatirse políticamente? El debate español sobre la Alta Velocidad es muy jugoso: cuando PP y PSOE ven con buenos ojos la Y ferroviaria vasca (lean las páginas de Juliana sobre este tema), pero tocan la gaita con el eje ferroviario mediterráneo entre Valencia y Barcelona, ¿dominan los intereses geográficos o son los políticos quienes marcan el paso?

No hay país en Europa que dé tanto juego a la geografía (como arma para la contienda o como consecuencia de la misma) como España. Repasemos los temas de actualidad en el debate español y comprobaremos el papel preponderante que juegan conceptos de base puramente geográfica: ríos y cuencas (con sus excedentes o necesidades hídricas), autovías (de peaje o no), puertos (secos como el de Madrid o húmedos como los mediterráneos), aeropuertos (de vocación monopolística o no), trenes (de ancho español o internacional, rápidos como el AVE o lentos como las cercanías), carreteras (del Estado, de la autonomía, de la diputación, locales), balanzas fiscales territoriales, divisiones administrativas (comarcas, veguerías, provincias, áreas metropolitanas, autonomías, naciones, municipios mancomunados o no, territorios forales, enclaves, reinos, principados, comunidades, países...), además de las utopías territoriales (países de base cultural y lingüística común, sueños expansionistas o anexionistas, territorios complementarios unidos por la marginación, ejes de prosperidad o lobbies en defensa del ventajismo regional...). El recuento es interminable. La geografía física y política de España es inabordable y omnipresente. Dos personas han entendido bien esta relación: hoy, Enric Juliana y, ayer, el inigualable Gonzalo de Reparaz. Tan bien entendió la relación entre geografía y política un intelectual y publicista, geógrafo por qué no, de nombre Gonzalo de Reparaz (Oporto 1860-México 1939), diplomático, germanófilo en la Primera Guerra Mundial y anarquista en la española, que hasta le dedicó un libro, editado por Mentora en Barcelona en noviembre de 1929, con ese mismo título, *Geografía y política.*

Hoy en día, no hay periodista que entienda tan bien España como Enric Juliana, que se desenvuelve en este mundo con la soltura de un buen geógrafo en su cartoteca. Elige con habilidad los instrumentos (los mapas) más adecuados para su análisis y comprende que el juego de escalas (a veces es necesario un atlas mundial a escala 1/5 millones y otras un mapa local a 1/5.000) es la clave de una buena investigación. En realidad, su único secreto. De lo local a lo global, de lo extenso a lo intenso, los capítulos de este libro repasan acontecimientos, procesos y sucesos con miradas generales y particulares, a pequeña y a gran escala. Un titular de periódico se entrelaza con una tendencia nacida en el siglo XVI; Zapatero se codea con los versos de Ausias March, Mariano Rajoy se mide con Quevedo y los nacionalistas vascos con los jansenistas. Juliana, una persona eminentemente culta, se mueve con comodidad en este debate, juega suelto en el área de la historia, la geografía, la cartografía y la política española (y más que eso, ibérica).

Por eso estoy convencido de que le gustaría a Gonzalo de Reparaz, un personaje incalificable, literalmente sin posible única calificación. Reparaz, portugués e iberista (y por ello, amigo de catalanistas conspicuos como Joan Esterlich), buscaba en sus libros la tendencia, la profundidad de la mirada, la explicación geográfica e histórica de los movimientos concretos de la actualidad (como hizo también el maestro Vicens Vives). De aquí su interés. Enric Juliana es, en este sentido, un buen continuador de estas preocupaciones. Es un observador de fondo y se comporta como los hombres de mar cuando identifican la corriente submarina por la cresta rebelde de las olas. Juliana observa la espuma blanca que se genera en el mar azul de la política de España, pero sabe y demuestra que no sólo es el viento quien la crea, sino las corrientes invisibles que las agitan varios metros por debajo. Esta dinámica se ejemplifica perfectamente en el tema de las relaciones, siempre tormentosas aunque indisolubles, entre Catalunya y Valencia. La articulación de un potente Eje Mediterráneo es la herencia o la transformación moderna y necesaria de un antiguo sistema de relaciones nacido en el seno de la entrañable Corona de Aragón. La lucha actual por un corredor ferroviario mediterráneo de ancho europeo (secuela necesaria de la exitosa autopista del Mediterráneo, aconsejada por los americanos al general Franco en los años sesenta del siglo XX) es herencia de profundos movimientos de la geohistoria: una nueva vía Augusta que debe llevar a catalanes y valencianos al corazón de Europa. La España del Este (en palabras del geógrafo francés Pierre Deffontaines, 1894-1978) en movimiento o, lo que es lo mismo, el *catenaccio* montado por Fernando Abril Martorell y Alfonso Guerra en la Transición al fin derrotado. Mar de fondo en España. Ojo avizor.

Por todo lo dicho, no es extraño, por ello, que este libro esté repleto de símiles náuticos. Del viento a favor a las viradas a estribor, de la mar de fondo y el mástil de la historia a la deriva de España (que no es lo mismo que España a la deriva, aunque lo parezca). Juliana es, nunca mejor dicho, un marinero en tierra, en tierra de Madrid para más señas. Y si a alguien le parece demasiado «albertiana» la comparación, puedo hacer otra: Juliana es el Kondratiev del periodismo español. Nikolai Dmitriyevich Kondratiev (1892-1938) fue el autor de la teoría de los ciclos y creador de la nueva política económica soviética. Por ello fue fusilado por el dictador Stalin y rehabilitado (¡a buenas horas!) años más tarde. Más allá de su contenido científico, la valía del amigo Nikolai Dmitriyevich fue precisamente la de ligar los acontecimientos diversos de la vida cotidiana y de la historia diaria, aparentemente inconexos entre ellos, con unos movimientos de fondo. Y sólo desde el reconocimiento de esta ligazón y de la repetición de los ciclos de la historia, se puede llegar a un juicio sensato sobre la misma.

Enric Juliana es un periodista agudo. Estoy seguro de que lo era antes de ser corresponsal en Italia, pero su paso por aquel país le ha dotado de un sensible olfato para la perspectiva, para la separación de lo anecdótico de lo esencial, para el reconocimiento de la *commedia dell'arte*, pieza esencial en la vida política y ciudadana italiana. En contra de un periodismo románico, de perfil plano, oscuro, orondo y aplastante, Juliana practica un periodismo ágil, fino, de espadachín, que se mueve entre la nítida y simétrica perspectiva renacentista y la curvilínea del barroco. A veces, como en el barroco, sus perspectivas producen vértigo: es capaz de someter a una torsión máxima los procesos del país, y el resultado son unos escorzos que dan miedo por lo que muestran. España roza, muchas veces, la tragedia sin saberlo. Y más que lo haría si la irresponsabilidad se impusiera. Así, ganando distancia con el objeto (sea España, Catalunya, Adolfo Suárez, la Comunitat Valenciana o el País Vasco), Juliana lo retrata y enmarca en una juego de perspectivas. Esta es la auténtica valía, a mi entender, del libro. Y además lo hace con una exactitud y certeza extraordinarias. Un lector medio interesado por la política y por España, y hablo por mí mismo, necesita que, de vez en cuando, alguien le recuerde lo que piensa. Bien entendido que no se trata de pensar por él, sino sencillamente de ayudarle a recuperar su pensamiento de fondo, apabullado por la sucesión de noticias, de relatos y de acontecimientos que la prensa diaria le vuelca encima constantemente.

Enric Juliana practica un periodismo de la media distancia. O mejor dicho, sitúa al periodismo en la media distancia. Entre la larga distancia de los profundos libros de ensayo sobre España, adornados de citas y de tablas, de gráficos y de bibliografía, y la corta distancia de la sección de política española de un diario, se halla un campo donde se puede hacer una cosa interesante: distancia media con el objeto que se va a tratar, una menor implicación emocional y un juego ágil de pies para que cuando éste se acerque, alejarse o viceversa. Albornoz con su nombre en la espalda, calzón ancho de colores, guantes brillantes y crema analgésica en la ceja, por si acaso. Aquí y de esta forma sitúa el amigo Juliana su libro.

Enric Juliana marca, señala y orienta. Es curioso el origen de este último verbo. Identificamos *orientar* con seguir un camino, con no perder el norte, cuando en realidad lo que significa, textualmente, es «poner proa a oriente». Por eso, a veces he defendido la importancia de «desorientar» a los lectores como principal función de cualquiera que se adentre en el campo de la literatura ensayística (y periodística). Desorientarlos significa, primero, dejar de hacerlos depender de un supuesto norte (¡que en realidad es un oriente!). Muchos de nosotros desconocemos que siguiendo nuestra «orientación» jamás llegaríamos a nuestro destino en el norte, sino a las lejanas y traicioneras tierras del este (siempre el oriente, cualquier oriente es visto como paraíso de la zalamería y la perdición, como occidente es símbolo de esperanza). Y una vez convenientemente desorientados, alguien debería ayudar a reorientarnos.

Este libro reorienta el debate de y en España. Como en los toros, el debate español necesita de la trilogía del buen toreo: parar, templar y mandar. Así se lo habrá aconsejado, estoy seguro, *Segador*, en aquel bar mítico de las crónicas dominicales de Juliana en el Madrid que tantas ganas tengo de visitar. Parar el ruidoso debate coyuntural, el jaleo de una prensa acostumbrada al vocerío y de una política centrada en la algarabía. Templar los términos de la discusión en un ámbito de debate sensato y sereno y, por último, mandar para no perder de vista al toro de la historia (y de la geografía), no sea que nos dé una cornada cuando, regocijándonos en la suerte de un ciclo económico favorable que toca a su fin, miramos al tendido para adornar nuestra faena.

JOSEP VICENT BOIRA
Profesor de Geografía
de la Universitat de València

I

CAROLINGIA YA NO VIVE AQUÍ

«*Mais além, mais além*! (¡Más allá, más allá!)»

Lema del infante portugués DON HENRIQUE,
O príncipe do mar, siglo XV

No es verdad que la tormenta económica haya pillado por sorpresa al presidente del Gobierno español, tozudo en su empeño de evitar la palabra *crisis*, hasta que no hubo más remedio que rendirse a la evidencia. En julio de 2007, la Oficina Económica del Gobierno, dirigida por el economista David Taguas, advirtió al Jefe que se estaban dando las condiciones para una tormenta perfecta. Hombre de carácter impetuoso, Taguas es un brillante economista formado en el servicio de estudios del BBVA, donde trabajaba a las órdenes de Miguel Sebastián, al que hace unos meses podríamos haber definido como el valido de José Luis Rodríguez Zapatero. Valido en minúsculas.

¿El nuevo duque de Lerma? ¿El Olivares del zapaterismo? Un poco, sí. Hasta hace unos meses. Sebastián es uno de los hombres en quien más ha confiado un hombre bastante dado a no fiarse ni de su propia sombra. Dicen, sus admiradores, que sólo Zapatero sabe quién es José Luis Rodríguez Zapatero. Un núcleo rocoso se esconde bajo tanta flexibilidad y tanto deleite por la astucia. Un metálico instinto de supervivencia política. Y una fe posiblemente desmesurada en las artes de la imagen. Zapatero se resistió a hablar de la crisis por dos motivos: por no aparecer como un mentiroso después de la campaña electoral de marzo de 2008, y para proteger los intereses de la banca española, cuyo talón de Aquiles es el riesgo de una morosidad a gran escala en un país de gente hipotecada hasta las cejas. Había riesgo real de catástrofe. El presidente del Gobierno no podía precipitar la sensación de debacle económica en una España muy endeudada, extraordinariamente endeudada. Y contó para ello con la preciosa ayuda de Emilio Botín, presidente del Banco de Santander. A la vuelta del verano de 2007, cuando la oposición intentaba centrar el debate preelectoral en el progresivo deterioro de la economía, el banquero más poderoso de España se quiso fotografiar con Zapatero para lanzar un mensaje de tranquilidad: no pasa nada, tenemos un buen futuro por delante, las hipotecas se podrán pagar. Ese mensaje protector de la banca acompañó al líder del PSOE hasta el día de las elecciones. Pedro Solbes no estaba solo la noche que derrotó a Manuel Pizarro en aquel decisivo debate económico ante las cámaras de Antena 3. El mensaje tranquilizador del vicepresidente económico —«vamos a un aterrizaje suave»— tenía detrás a la banca y a los principales grupos inmobiliarios, lógicamente interesados en evitar una brusca caída que ya se temían. Pero Taguas, el intempestivo Taguas, había avisado.

La Oficina Económica de La Moncloa, tantas veces denostada por los adversarios del Gobierno, envió la señal de advertencia, pero el presidente Zapatero se hallaba prisionero de un relato político en el que no había espacio para la crisis económica. Fracasado el *proceso de paz* con ETA por la negativa del sector más duro de la banda a la rendición a cambio de unas contrapartidas políticas más retóricas que reales y de una indulgencia que la magistratura española no estaba (ni está) dispuesta a otorgar, al líder del PSOE sólo le quedaba una buena baza para afrontar la campaña electoral en ciernes: la aparente buena salud de la economía y la perspectiva de un futuro social más igualitario.

Aquel verano, mientras Taguas, el intempestivo Taguas, señalaba el horizonte y advertía: cuidado, que ahí veo unas nubes que no me gustan nada, el ministro de Trabajo y Bienestar Social, Jesús Caldera, en funciones de ideólogo presidencial y de secretario de acción electoral del PSOE, abría la caja del superávit para ensayar una política «socialdemócrata» hasta la fecha casi desconocida en España: la política del cheque. El 3 de julio de 2007, mientras Taguas advertía de los riesgos de tormenta y Mariano Rajoy intentaba noquear a Rodríguez Zapatero en el Congreso de los Diputados, castigando sin cesar el fracasado *proceso de paz*, el presidente se escabullía y lograba romper el juego de su oponente prometiendo un cheque de 2.500 euros por cada hijo recién nacido. Qué caray, España iba bien.

Luego, en septiembre, vendría el cheque juvenil (bonificación de 210 euros mensuales para los jóvenes, con una renta máxima de 22.000 euros anuales, que alquilasen una vivienda). Y luego, ya en plena campaña, la promesa de una devolución horizontal de 400 euros, a cuenta del impuesto sobre la renta. Tres planes de rescate electoral que se demostraron eficaces, puesto que el PSOE logró alejar del centro del escenario los dos argumentos preferidos por la oposición: la ETA irreducible y los densos enredos de la política territorial. En una brillante operación táctica, el foco quedaba situado en la promesa de una política social más igualitaria y especialmente atenta a los jóvenes y a las mujeres. El mensaje era: hay dinero para repartir y algunas libertades aún por conquistar.

El Partido Popular también acabó orillando el discurso de ETA. Se olvidó Mariano Rajoy, con buen criterio, del «España se rompe», y ofertó a los españoles una catástrofe de nuevo tipo: «Nos vamos al garete». Manuel Pizarro, el fichaje estelar de los populares en la campaña, defendió la inminencia del desastre con verdadero tesón aragonés en su debate con Solbes. Y perdió. Perdió, porque era mucho más seductor el discurso del aterrizaje suave. Perdió Pizarro apuntando en la buena dirección. Perdió Pizarro, porque la mayoría de los españoles no deseban comprar la estampa depresiva. Ningún dirigente empresarial —ninguno— movió un dedo en esa dirección. Ni el banquero Botín, evidentemente, que no escatimó mensajes de apoyo a Zapatero. Ni Francisco González, presidente del BBVA, siempre distante del Gobierno socialista. Ni los presidentes de las cajas de ahorro. Ni los grandes constructores, ni los gestores inmobiliarios, que aguantaban la respiración ante el vértigo de una caída que sabían próxima. Ni el recién elegido presidente de la Confederación Española de Organizaciones Empresariales (CEOE), Gerardo Díaz Ferrán, quiso apuntarse al coro de la catástrofe. Una parte muy importante de España se resistía al pesimismo. Y esa resistencia tiene un origen antiguo que en este primer capítulo intentaremos explicar. Con un planisferio. Con un mapa del mundo. Un mapa cuyo centro ha cambiado.

España fue forjada por el Imperio de los Austrias, dicen los historiadores más solventes. España no creó el imperio, sino que fue éste, con sus expolios, requerimientos y exigencias, el que dio forma a un país invertebrado, que llegó a la pubertad nacional (siglo XIX) en plena agonía del dominio colonial. España fue, durante siglos, un «subcontinente» (la península más las Américas y otras posesiones), atormentado por las conspiraciones externas y las contradicciones internas.

Una rápida plenitud imperial y una larga agonía, que comienza a mediados del siglo XVII con la crisis de Flandes y concluye con la sangrienta Guerra Civil del siglo XX. Tres siglos de lento atardecer. Esa deriva dibujó un mapa muy tortuoso en la mentalidad española. Un mapa con muchas curvas, mucho orgullo y mucho resentimiento. Y mucho incienso de la Iglesia católica. Stendhal lo describió con brillantez y desdén en sus notas sobre la *Vida de Napoleón*: «El español, como el turco, al que tan poco se parece por su religión, no sale de su país para llevar la guerra al de los demás, pero en cuanto ponen el pie en su casa todo el mundo es su enemigo [...]. Se tiene tanto orgullo nacional, se es tan patriota en España, que hasta los sacerdotes lo son. Hoy, la mitad de los generales que combaten en América por la libertad, han sido educados en las clases de los curas. Ése es otro parecido con los turcos. Tal vez la fisonomía del clero sea el rasgo que más separa a España del resto de Europa [...]. El español no es avaricioso, es atesorador, sin ser avaro, pero no sabe qué hacer con su fortuna; se pasa la vida, ocioso y triste, pensando en el orgullo, en el interior de un soberbio aposento. Sangre, costumbre, lenguaje, modo de vivir y de combatir, en España todo es africano. Si el español fuera mahometano, sería un africano completo». África empieza en los Pirineos. Como vemos, el autor del eslogan que tanto impacto ha tenido en sucesivas generaciones españolas es Marie Henry-Beile, Stendhal, el grandísimo creador de *El rojo y el negro* y de *La Cartuja de Parma*.

España africana. España mahometana. Casi un siglo después de las anotaciones de Stendhal sobre la frustrada aventura napoleónica en el solar hispánico, el escritor y poeta portugués Fernando Pessoa observó la dimensión no europea de España de la siguiente manera: «El tercer grupo religioso europeo es el ibérico, compuesto por tres naciones reales y dos políticas [España, Portugal y Catalunya]. Se yuxtaponen en nuestra península dos religiones: el cristianismo y el mahometismo. Un tipo de fe, que no teniendo nada que ver con el protestantismo, tampoco es el catolicismo latino tradicional. Decaída la civilización árabe, que fue notable aunque breve; decaído el arabismo, quedó su parte inferior: el fanatismo religioso. Éste, que tenía sobrada capacidad para infiltrarse en el cristianismo, produjo una de las formas crististas más desoladoramente antipáticas que ha habido: este catolicismo de salvajes de nuestra península, esta fe que había de producir la Inquisición» (Fernando Pessoa, *El regreso de los dioses*).

Africanos, sí. Solar de fanáticos, sí. Poseídos por un furor mahometano, sí. La Guerra Civil de 1936-1939 lo confirmó con creces. Perdidas todas las posesiones imperiales, el ejército colonial se lanzó sobre la península espoleado por el temor de las oligarquías al desmembramiento del país tras la proclamación de la autonomía catalana, y por el terror del clero ante la pérdida de poder e influencia, a manos de un anticlericalismo compulsivo, que también cedió al salvajismo, como demuestra la sistemática quema de iglesias y conventos. Fanáticos contra fanáticos. Africanos (en el sentido stendhaliano) contra africanos.

Este mapa tortuoso y aparentemente incorregible de España comenzó a modificarse en las elecciones democráticas de 1977. Sorpresivamente, el país cambiaba de régimen de manera pacífica y sin entregarse a los tormentos del pasado. Bajo la cápsula del franquismo habían madurado, por fin, unas clases medias capaces de dotarse de un régimen parlamentario estable. También habrían madurado las clases medias con la República, si ésta hubiese podido asentarse.

Con libertad, habrían madurado mucho mejor, con mayor hondura, con más sentido de la responsabilidad cívica. La democracia es sólida en España, pero no deberíamos olvidar cuáles han sido sus dos principales nutrientes en estas últimas tres décadas: el bienestar económico y el despliegue de una libertad hedonista. Dos nutrientes que hoy se hallan en apuros. Tendremos noticia de ello en los próximos años, si la crisis económica persiste con la dureza hoy prevista.

El mapa comenzó a modificarse y de pronto los españoles se vieron mentalmente inmersos en Europa. De nuevo Stendhal: «Aunque la nación española se sienta muy contenta en su estercolero, tal vez dentro de doscientos años logrará arrancar una Constitución, pero una Constitución sin más garantía que ese viejo absurdo que llamamos juramento, ¡sabe Dios, además, con qué ríos de sangre habrá de comprarla!». Ríos de sangre los hubo. E hicieron falta ciento setenta años desde el 1808 napoleónico. En 1978 se aprobaba la nueva Constitución democrática y en 1986 —casi doscientos años después del vaticinio stendhaliano— España conseguía abrir las puertas de Europa. El mapa ya era otro. Presos de un optimismo inédito, los españoles se sentían casi en el centro del mundo: cada vez viajaban con más frecuencia al exterior, sus hijos aprendían idiomas y muchos de ellos marchaban a estudiar y trabajar al extranjero. Ese es un dato clave en la historia reciente del país.

Una primera generación de cuadros profesionales formados en el exterior, hijos o sobrinos de la vieja nomenclatura madrileña, retomaba en los años noventa el timón de los negocios capitalinos y conseguía articular una poderosa coalición de negocios inmobiliarios, capital financiero, poder mediático y empresas de servicios privatizadas que acabaría quebrando la hegemonía del PSOE de Felipe González. El banquero Mario Conde intentó ser su profeta, pero amenazó demasiados intereses. Por ello, por amenazar demasiados intereses y por infringir descaradamente las reglas del juego, acabó dando con sus huesos en la cárcel. España había conseguido madurar. Sólo un partido de masas bien articulado con los centros de poder podía echar a los socialistas del Gobierno.

La coalición de las nuevas potencias centrales (inmobiliaria, financiera, mediática, telefónica y energética) acabó siendo liderada por José María Aznar, nieto de uno de los hombres más astutos de la vieja nomenclatura madrileña, Manuel Aznar Zubigaray, joven tradicionalista navarro, luego nacionalista en el País Vasco (admirador de Sabino Arana y columnista del diario *Euskadi* con el pseudónimo Imanol), después director del diario republicano *El Sol*, falangista al finalizar la Guerra Civil, hábil director de *La Vanguardia* en los años cincuenta, y embajador de Franco en Marruecos, Santo Domingo y las Naciones Unidas. Un perillán, según Indalecio Prieto. Un tipo verdaderamente simpático, según Manuel Irujo, patriarca del nacionalismo vasco.

Al frente de la más poderosa coalición de la España emergente, Aznar intentó redactar una nueva cartografía española, con eje en el océano Atlántico. A su izquierda, el continente americano; a su derecha, España y Gran Bretaña como cabezas de puente. Era el mapa de la alianza preferente con Estados Unidos. Un mapa que nunca acabó de convencer. Apegada sentimentalmente a la vieja cartografía carolingia, la mayoría de los españoles se puso del lado de la «vieja Europa» (Francia y Alemania) cuando los preparativos de la guerra de Irak abrieron una tensión inédita en Occidente. La propia expresión «vieja Europa», utilizada despectivamente por el secretario de Defensa de Estados Unidos, Donald Rumsfeld, resultaba muy grata a los españoles. Identificarse con la «vieja Europa» les hacía sentirse antiguos miembros de un club al que siempre habían anhelado pertenecer. Y los que no lo habían anhelado, no podían sino asociar la marca carolingia con el bienestar de los últimos treinta años. En España, en la España stendhaliana y africana, en la España medio mahometana de Pessoa, hace sólo treinta años las cosas estaban francamente mal. Vale la pena recordárselo a los más jóvenes. Hace treinta años la gente tenía que ir a por agua a la fuente en muchos pueblos. Y los suburbios de las grandes ciudades eran infames. Había barracas en Madrid y en Barcelona. En esos mismos pueblos hoy hay un coche frente a cada casa. Y en los suburbios, la vida es mucho más decente. Entre 1986 y 2006 los carolingios han entregado 118.000 millones de euros a España en concepto de ayudas y subvenciones. Tres veces el plan Marshall. Se comprende, por tanto, que exista cierto apego a la «vieja Europa».

El mapa aznariano era ambicioso, muy ambicioso. En él dominaba el color azul del océano, el color azul de la intemperie. Era vanguardista. Era gélido aquel mapa.

Regresamos a la «vieja Europa» de la mano de un gobernante en apariencia intrépido, en apariencia cumplidor de la palabra dada, llamado Rodríguez Zapatero. El presidente francés Jacques Chirac y el canciller alemán Gerhard Schröder viajaron pronto a Madrid para plasmar la restitución de la alianza con los ex africanos y ex mahometanos, sin los cuales franceses y alemanes están demasiado solos. España volvía a sentirse en el centro de un mundo pacífico y civilizado. Y frágil, como están demostrando los acontecimientos. Llevados por el súbito furor carolingio de Zapatero, los españoles fueron los primeros en aprobar la Constitución Europea en referéndum. Excepto los almuecines de la emisora católica Cope, muy pocos se atrevieron a hacer campaña por el no. Al cabo de unos meses, ¡oh, sorpresa!, los franceses rechazaban el tratado constitucional en las urnas. Y después, los holandeses. Y después, una vez enmendado el texto, los irlandeses. La idealizada Carolingia era, en realidad, un avispero movido por el miedo... Miedo al fontanero polaco, miedo a los inmigrantes, miedo a la inflación, miedo a los rusos, miedo a los chinos, miedo a dejar de ser el centro del mundo. Miedo a lo que ya comenzaba a ser evidente.

Hasta que un día, el intempestivo David Taguas, advirtió desde la Oficina Económica de La Moncloa, lo que Rodrigo Rato ya había adivinado desde las altas almenas del Fondo Monetario Internacional, antes de solicitar el finiquito —con gran sentido de la oportunidad—. Dijo Taguas: «Esos nubarrones no me gustan nada». Y vino la tormenta.

La economía ha pegado un frenazo en seco en todo Occidente, haciendo trizas el angelical pronóstico de quienes creían superado para siempre el capitalismo cíclico. El frenazo está siendo brutal para los neumáticos de la economía española. En menos de un año el país ha pasado de un crecimiento del 3,7 % a un crecimiento negativo. Es la mayor contracción del producto interior bruto conocida en la historia contemporánea. Es el frenazo en seco de una camioneta que avanzaba a más de 160 kilómetros por hora por la autopista del bienestar, con el pasaje entregado a la juerga en los asientos de atrás. *The party's over*. La matriculación de coches ha descendido en más de un 30 %. La matriculación de vehículos de carga cerca de un 50 %. La disponibilidad de bienes de equipo, un 31 %. El consumo de cemento, un 30,4 %. Los afiliados a la Seguridad Social, un 14,2 %. El índice de confianza industrial, un 22 %. Y el índice de confianza del consumidor, un 39 % (datos comparativos entre 2007 y el tercer trimestre de 2008, publicados en el informe de noviembre de la consultoría Freemarket, que dirige el economista Lorenzo Bernaldo de Quirós). *The party's over*. «La fiesta ha terminado», titulaba la prestigiosa revista *The Economist* en noviembre de 2008.

Las previsiones varían en función del laboratorio que las elabora. Los informes anuales de prospectiva del Banco de Santander y del BBVA, publicados en la primavera de 2007, preveían un batacazo severo, pero algo menor del que en estos momentos registran las estadísticas. Evidentemente, los dos grandes bancos españoles no tenían, ni tienen, ningún interés en propagar el pesimismo y, menos aún, el pánico, factores que multiplican y acentúan toda situación de crisis. Como señala uno de los principios de la física cuántica, la mera observación modifica el objeto observado. Todo pronóstico modifica el objeto pronosticado. De manera que nos abstendremos en estas páginas de mencionar los boletines económicos de la fundación FAES, en los que la negatividad del pronóstico apenas puede disimular el disfrute de sus redactores. He ahí uno de los persistentes problemas de la derecha española, de la derecha aznariana, en el actual momento: su lenguaje sugiere demasiadas veces un sincero deseo de ruina total. Como referencia severa es más creíble el observatorio de Freemarket, la consultoría de Bernaldo de Quirós, economista liberal, muy crítico con los actuales efluvios neokeynesianos, poco amigo del Gobierno y valorado como muy solvente.

La deriva de España presenta grandísimos interrogantes, si nos atenemos a las previsiones en curso. Veamos qué dice Freemarket. Previsión del producto interior bruto: caída del 2 % en 2009. Caída de la formación bruta de capital fijo: 10 % (12 % en el sector de la construcción). Tasa de paro: crecimiento del 11 al 18 %. Existe la posibilidad de que en sólo dos años (2008 y 2009) más de dos millones de personas engrosen las listas del paro. Los efectos de este brusco cambio de perspectiva en el horizonte vital de tanta gente dibujan un interrogante al que ningún sociólogo es capaz de responder, puesto que los patrones de comportamiento de los últimos treinta años se han basado siempre en una perspectiva de prosperidad, incluso en aquellos momentos de gran crisis y zozobra.

«Nunca había visto algo parecido», es la frase recurrente

estos meses. A finales de los años setenta, cuando la crisis del petróleo golpeaba tardía y severamente a las empresas españolas (fracasado el intento de la dictadura franquista de sortearla o puentearla), el país tenía un horizonte casi épico. Existía un fuerte aliciente colectivo: la democracia, el ensanchamiento de las libertades individuales. Existía la promesa de una nueva vida. Y de un nuevo mapa.

«Atención, mucha atención, porque estamos ante algo realmente nuevo en España. La posmodernidad se ha acabado de golpe», advierte el sociólogo Fernando Vallespín, director del Centro de Investigaciones Sociológicas entre 2004 y 2008. Volvemos a la modernidad, señala Vallespín, sin que ello signifique una vuelta atrás. La crisis acentuará los valores «densos», en detrimento del fluido posmoderno. Regresarán los valores y referencias capaces de actuar como asidero en la zozobra. Orden y seguridad. Regreso al Estado, por tanto. Un Estado al que seguramente se le exigirá mucho más de lo que puede dar. Demanda de protección y reafirmación de las identidades. Hasta hace cuatro días, el país parecía ir en dirección opuesta: libre flujo de la economía tras la total privatización de las empresas públicas, postradicionalismo (relajación de los vínculos familiares, de la religión y de toda carga del pasado), hedonismo, gasto desenfrenado, arrogancia y barullo político muy teatralizado, pero siempre bajo control: dos días de excitación, por cada dos de tranquilidad. Todo eso va a cambiar. Está cambiando ya.

La lectura del pasado también cambiará. Es posible que se revalorice la transición, tantas veces criticada. En 1977 el país se hallaba al borde de la suspensión de pagos y las elites políticas, sociales y económicas supieron encontrar la vía del acuerdo en los pactos de La Moncloa. ¿Por qué no ahora?, comienza a preguntarse mucha gente. ¿Por qué no ahora?

En la crisis de 1993, España ya estaba en Europa, pero aún quedaban dos alicientes en el horizonte: el acceso a la moneda común y el alba de las nuevas tecnologías de la información (telefonía móvil e Internet). La crisis fue dura, pero obedeció a unos patrones clásicos, dentro de los cuales el Gobierno aún dispuso del principal margen de maniobra de los viejos manuales del Estado nacional: la devaluación de la moneda.

Instalados en el euro y en la era de Internet, ¿cuáles son ahora los alicientes que pueden evitar que el estancamiento genere una auténtica depresión colectiva? La «economía verde», dicen los más optimistas, con la mirada puesta en Barack Obama, ese san Martín de Porres de los tiempos modernos, que todo lo va a solucionar, al decir de los progresistas europeos. Basta con una nueva mirada, basta con desearlo *(Yes, we can)*, basta con creerlo. Nunca, desde las primeras luces de la Ilustración, la racionalidad europea (la de la izquierda y la de una buena parte de la derecha) había estado tan cerca del pensamiento evangélico. Roma se queja por vicio. ¿Dónde está la descristianización de Europa? Una cosa es que la gente no vaya a misa y otra es que haya abandonado la pulsión religiosa.

Mientras treinta años de optimismo se desencuadernan, la política muchos días parece cabalgar la situación a ritmo de SMS y spot en YouTube. Bien pegado a Carolingia, Zapatero ha logrado aparecer en los foros principales del nuevo relato: en las reuniones europeas donde se han tomado decisiones de gran calado y en la cumbre de Washington del 15 de noviembre de 2008, que no decidió nada importante, pero dibujó el marco de una posible gestión mundial de la crisis. Rodríguez Zapatero, aun a riesgo de parecer el Zelig de la película de Woody Allen, el tipo que se adapta perfectamente a cualquier circunstancia, sea cual sea, ha sabido moverse bien. Por ahora.

Zapatero, el gobernante que creía estar al frente de un largo ciclo de prosperidad en España («Presidente, el país va como un tren, hemos avanzado a Italia, pronto atraparemos a Francia y que se vayan preparando los alemanes», le susurraba Miguel Sebastián al oído), capea como puede el temporal, entre decisiones de fondo de importante envergadura financiera (sucesivos planes de intervención en la economía a cuenta del déficit público) y tácticas de Photoshop, que en más de una ocasión invitan a la sonrisa, pero que, a la postre, dibujan un retrato hiperactivo del presidente. Se hace lo que se puede y se hace con mucha rapidez ante las cámaras de televisión.

En un breve margen de tres meses, entre octubre y diciembre de 2008, La Moncloa consiguió borrar la imagen de pasividad, falta de previsión y obcecado optimismo. Zapatero tuvo más de una bronca con sus asesores más próximos. A la vuelta del verano, el presidente aún se resistía a un cambio radical de discurso. «En un momento determinado le vi perdido, vi que la corriente podía llevárselo río abajo. Si cristalizaba la imagen de fragilidad y de desorientación ante la crisis, políticamente era hombre muerto. Y, de golpe, reaccionó. Cuando vio que la situación se estaba complicando en toda Europa, activó los reflejos, se movió y tuvo la habilidad de vincular su reacción al discurso europeo. Moduló muy bien su mensaje: la crisis era un problema global, provocado por los neoconservadores de la Administración Bush, y España, perjudicada por la economía ultraliberal norteamericana, se movía al mismo ritmo que todos los demás países importantes. Supo esperar a que la elección de Barack Obama estuviese cercana. Realmente tiene una gran frialdad y una gran destreza en la administración del tiempo», confiesa, no sin admiración, uno de sus asesores. Las encuestas, sin embargo, no opinan exactamente lo mismo. La valoración de Zapatero ha sido mellada por la crisis. Pero sí es verdad que ha evitado el desastre. A finales de 2008 su puntuación seguía siendo más alta que la del jefe de la oposición y se mantenía un virtual empate entre PSOE y PP. Poco, realmente muy poco, para quienes a diario predican la inminencia del Apocalipsis.

Pese al moderantismo de Mariano Rajoy, las cosas no le están yendo mejor a la oposición. La derecha sigue teniendo graves problemas en la modulación y cohesión interna. En la práctica, hay dos partidos dentro del PP. El mapa que a diario dibuja la oposición es demasiado abrupto, demasiado catastrófico, para un país que ha vivido catorce años consecutivos de crecimiento. La sociedad, en definitiva, detecta una alarmante merma de calidad en el ejercicio de la política (barullos autonómicos incluidos) y las encuestas comienzan a reflejarlo. El partido de los abstencionistas crece y sube también el partido de las soluciones fáciles, la UPyD (Unión, Progreso y Democracia), el nuevo partido de la señora Rosa Díez, por ahora simple como una consigna: unidad nacional. Queda por ver si el filósofo Fernando Savater será capaz de aportar un poco más de grosor y densidad a esa «tercera vía», que puede llegar en el momento oportuno. Tendrá éxito en las elecciones europeas. Será la primera señal seria de avería en el sistema de partidos surgido de la Transición.

Por consiguiente, en España coinciden en estos momentos tres crisis.

Primera: una severa crisis económica en forma de L.

Desestimada por utópica, la hipótesis de una crisis en forma de V (caída rápida, rebote y recuperación igualmente rápida), los expertos llevan meses dudando si la crisis tendrá forma de U o de L. O de L con la base muy alargada. La U es hoy la premisa de los optimistas razonables: caída rápida, cierto periodo de recesión y estancamiento, para después volver a crecer. Esta es la esperanza del presidente Zapatero: la esperanza y el deseo de que en el último año de la actual legislatura (2011-2012) haya recomenzado la recuperación del empleo. La crisis en L, hipótesis de los realistas que no tienen fobia al pesimismo, describe la caída en vertical de los últimos meses, augura un incierto periodo de estancamiento y no se atreve a pronunciarse aún sobre el momento de la recuperación. Los creyentes en la L alargada son más pesimistas: ven venir una depresión de larga duración, con las consiguientes derivadas políticas y sociológicas.

Segunda crisis: la brusca interrupción de la cultura del apalancamiento, el abrupto final del festín.

Con la brusca caída del sector de la construcción, todo un modelo de éxito social se viene abajo. Ruidosamente abajo. Aparatosamente abajo. Un modelo basado en la financiación a crédito de las ambiciones: de las pequeñas, de las medianas, de las grandes y de las gigantescas ambiciones. Es el joven albañil de Murcia en paro, con un BMW en la puerta de casa, una hipoteca por pagar y los estudios colgados por el reclamo del dinero fácil. Es el constructor de tamaño medio que creyó poder sumarse al festín madrileño comprando a crédito una empresa mucho mayor que la suya, y ahora yace en el lecho de la suspensión de pagos. Es el señor Luis Del Rivero, patrón de Sacyr, que hace un año reprochaba a los empresarios catalanes ser demasiado timoratos por no lanzarse masivamente hacia el apalancamiento y ahora bordea el precipicio. Las tremendas tensiones políticas y financieras que la crisis de Sacyr ha generado en los últimos meses son bien conocidas. En Madrid y en Moscú. Es el palco del estadio Bernabeu, la mayor lonja de contratación de España durante años, que creyó ser uno de los centros del mundo y hoy apenas disfruta con el fútbol de su equipo. Es el inmigrante que llegó a España creyendo pisar El Dorado —y así fue durante un tiempo—, y ahora se ofrece a precio de saldo en el mercado de esclavos. Es el columnista quevediano que hace un par de años chasqueaba los dedos y escribía en la prensa de Madrid: «¡Bah, Portugal! Si España quisiese, lo compraba entero». Es el eje rotor de la economía española, seriamente averiado. Es el principal mecanismo de acumulación de capital, el binomio banca-construcción, el dueto cajas de ahorro-inmobiliarias, gripado. Es, en definitiva, una arrogancia que se ha ido a tomar viento. Habrá que inventar algo nuevo. Y eso lleva tiempo. Mucho tiempo.

Tercera crisis: tremenda perplejidad ante un mapa que nos ubica en la periferia.

Frenada la economía, rota la época de la plata fácil y de las ambiciones desmedidas, colapsada la arrogancia y devaluada la calidad de la política, así en el centro como en la periferia, hay un tercer factor de crisis a tener en cuenta: nos han cambiado el mapa. Carolingia ya no vive aquí. Los últimos acontecimientos internacionales: la guerra de Irak y sus múltiples derivadas, los inquietantes vaivenes del precio del petróleo y de los alimentos, la persistencia del terrorismo islamista, el creciente protagonismo de las nuevas potencias (China, Rusia, India, Brasil), la crónica dificultad de la Unión Europea para absorber, metabolizar y dar respuesta a tantos problemas internos y externos (el desbordamiento del ideal europeo), en suma, la sensación de desorden generalizado, han lanzado dramáticamente a la opinión pública internacional en busca del milagro. La han lanzado en brazos del señor Barack Obama, que no podrá atender ni una cuarta parte de las esperanzas en él depositadas. Cuando una sociedad santifica a un político antes de que comience a actuar es que algo muy grave está pasando.

Nos han cambiado el mapa. Carolingia ya no vive aquí.

2

LA EUROPA FILIFORME DE 2030

«Kant enseñó que la pregunta con la que el ser humano se cerciora de su situación en el mundo tenía que ser: ¿Qué no es lícito esperar? Tras los desfondamientos del siglo XX sabemos que la pregunta reza: ¿Dónde estamos cuando estamos en lo inmenso?»

PETER SLOTERDIJK, *Esferas,* 2003

El mapa que encabeza este capítulo es bastante desconocido. Y no expresa ironía alguna. Ninguna paradoja histórica, como algunos de los que veremos más adelante. Es un mapa que habla del futuro. De un futuro posible. De cómo podría ser Europa el año 2030 si se mantienen medianamente estables los actuales parámetros «nacionales». Si la crisis no acelera y profundiza la decadencia europea frente al Pacífico emergente. Es un mapa, por tanto, que hoy podríamos calificar de optimista. Y es un mapa inquietante para la Península Ibérica.

En un estudio publicado en mayo de 2007 por el European Spatial Planning Observatory Network (Espon), una red académica que asesora las políticas de desarrollo y cohesión de la Unión Europea, se dieron a conocer varias hipótesis sobre la relación entre actividad económica y territorio en los próximos veinte años. El mapa que mostramos es el más optimista para España.

Los analistas del Espon dibujan una Europa pentagonal que ocupa buena parte de Gran Bretaña, casi toda Francia, los Países Bajos, Alemania, Austria y el norte de Italia, con una serie de brazos o tentáculos que se extienden en diversas direcciones. Uno de ellos salta el canal de San Jorge y alcanza Dublín, la capital irlandesa. En el extremo opuesto, otro brazo se extiende desde Dinamarca hasta Oslo y Estocolmo; otro tentáculo baja de Milán a Roma y parece querer alcanzar Nápoles... pero no llega, la Camorra lo impide. Finalmente, tres brazos penetran en la Península Ibérica: uno de ellos baja por la costa Atlántica francesa y abraza la riqueza del País Vasco; otro penetra en España por los Pirineos orientales, abarca toda Catalunya y Valencia, y tras una vigorosa bifurcación culmina en Madrid (vía Zaragoza).

El mapa dibuja el perímetro de la Europa de vanguardia en 2030. Un perímetro irregular que excluye buena parte de España y Portugal. Y también indica cuáles serán sus nódulos principales, divididos en cinco categorías de mayor a menor potencialidad: ciudades globales, motores europeos, metrópolis fuertes, metrópolis potenciales y ciudades regionales. El interior del pentágono, el gran espacio británico-franco-alemán, es un auténtico burbujear de esferas, una potente constelación con dos ciudades globales (París y Londres), varios motores europeos y diversas áreas metropolitanas de alta potencia: la cuenca del Rin sigue siendo perceptible en esa Europa definitivamente posindustrial.

En la triple ramificación española de la Europa próspera, destaca la esfera de Madrid, caracterizada como «motor europeo». Barcelona, la acomplejada Barcelona, es presentada como «metrópoli fuerte», mientras que Valencia aparece dibujada como «potencial área metropolitana». En el brazo vasco, destaca Bilbao como ciudad regional. Oporto, Lisboa y Sevilla son caracterizadas como áreas metropolitanas potenciales, pero carentes de una conexión vigorosa con el potente espacio central europeo.

Es la versión más optimista del observatorio Espon. Una segunda hipótesis más pesimista, basada en una previsión mucho más restrictiva del crecimiento económico del espacio común europeo, sitúa toda España fuera del limes europeo que dentro de veinte años seguirá compitiendo en la primera división de la economía internacionalizada. Es cierto que todos los estudios de prospectiva deben ser acogidos con cierta cautela, pero el mapa Espon, el mapa Espon versión optimista, nos habla de una España que hoy no figura en la agenda del debate político, al menos con la intensidad que cabría esperar. Una España en la que los corredores de Hendaya y La Jonquera seguirán teniendo una vital importancia y en la que serán muy importantes las decisiones estratégicas en materia de infraestructuras. ¿Dónde está el corredor mediterráneo en los planes de la actual administración socialista española?

El mapa Espon versión pesimista aún es más desalentador. Podría haberlo escogido como proyección realista de los tiempos actuales, pero sería temerario afirmar que la actual glaciación económica va a durar más de veinte años. Nadie está hoy en condiciones de efectuar una previsión segura. Este es un libro sobre la deriva de España, no sobre España a la deriva. Hay que ir con cuidado con el optimismo antropológico —posible antesala de la frivolidad—, pero más peligroso aún es el pesimismo antropológico, tradición española que comenzó con Quevedo («Toda España está en un tris / y a pique de dar un tras...») y culminó con el estallido suicida de 1936.

El estudio —en su versión optimista— augura futuros problemas de cohesión para la España de 2030 cuando el «maná» de las ayudas europeas habrá pasado definitivamente a la historia y el crecimiento económico basado en la potente combinación turístico-inmobiliaria haya mostrado todos sus límites y también todas sus miserias. Estamos ya en ello. El eje de Hendaya se verá reforzado dentro de unos años con la puesta en marcha de la línea de AVE Madrid-Vitoria-Bilbao-San Sebastián (la célebre Y vasca), a su vez conectada (vía Madrid) con Córdoba, Sevilla y Málaga. Esto es, un eje vertical que unirá París con la Costa del Sol, un eje ferroviario norte-sur que conectará los puertos de Málaga y Algeciras con el ancho ferroviario europeo. Y que un día dará el salto hacia el norte de África a través de un puente sobre el estrecho de Gibraltar: Casablanca-Rabat-Sevilla-Madrid-Vitoria-San Sebastián-Burdeos-París. El gran Eje Atlántico.

El segundo corredor es el Eje Mediterráneo. Más ancho, más intenso, hoy transportaría mucha más energía económica que el portal de Hendaya, pero tiene ante sí serios problemas de desarrollo estratégico.

En primer lugar, porque su trazado ferroviario de alta velocidad morirá en La Jonquera si las autoridades francesas no deciden acelerar desde Montpellier la conexión TGV-AVE, tantas veces anunciada, tantas veces prometida y tantas veces retrasada, por la complejidad técnica de las obras, sin duda, pero también por motivos políticos muy difíciles de disimular a estas alturas. La conexión del Midi francés con el área metropolitana de Barcelona causa recelos en París. Al poder central francés no le seduce la idea de una región económica transfronteriza cuyo principal polo de atracción sea Barcelona. Y en Madrid, ningún Gobierno ha apostado seriamente, hasta la fecha, por el Eje Mediterráneo. En el capítulo que este libro dedica a los milagros del AVE en España, lo veremos con claridad. En Madrid también se mira con recelo el eje Valencia-Barcelona-Montpellier. Un eje que podría prolongarse —vía ferroviaria— hasta la ciudad italiana de Turín, cuando se haya culminado la conexión entre las líneas de alta velocidad francesa e italiana.

Tampoco Francia tiene mucho interés por la conexión vía autopista Zaragoza-Huesca-Pau a través del túnel de Somport-Canfranch, conexión tantas veces reivindicada por el gobierno regional aragonés, tantas veces prometida y tantas veces aplazada. Como tampoco interesa la conexión Navarra-Francia a través de la proyectada autopista entre Pamplona y Sales de Bearn, plan elaborado hace diez años y cancelado a finales de 2007 por el departamento francés de los Pirineos Atlánticos.

En el caso de Somport-Canfranch, las autoridades francesas alegan motivos ecológicos. En el de la conexión navarra, han argüido la defensa del ferrocarril como medio de transporte prioritario. La realidad es que Francia —gobiernen los socialistas, gobierne la derecha, presida Chirac o presida Sarkozy— mantiene cerrado el grifo de las conexiones interpirenaicas, hasta convertir en papel mojado las optimistas previsiones españolas recogidas en el Plan Estratégico de Infraestructuras. La cerrazón francesa tiene su lógica: multiplicar la conexión por carretera y ferrocarril con un país con más de catorce años de crecimiento económico consecutivo presenta algunos riesgos para el mercado interior. Pese a las graves dificultades actuales, el vecino del piso de abajo ya no es la pobre España de los años sesenta y setenta.

Francia, no debiéramos olvidarlo, siempre procurará que su vecino del sur no modifique el carril de los últimos cuatro siglos. José María Aznar lo intentó, al esbozar una alianza preferente de España con Estados Unidos y Gran Bretaña, pero no lo supo gestionar. Cometió un tremendo error de cálculo: no supo prever la onda de choque de la aventura militarista en Irak. La huella de ese error será visible durante años.

Francia es un país muy rico, una nación con una gran fuerza interior, con un aparato estatal de extraordinaria potencia, pero también es una sociedad con severos problemas internos: acuciada por miedos e insatisfacciones profundas, por problemas estructurales de cierta gravedad, por un centralismo que ha perdido esmalte y eficacia. El denominado «mal francés», en suma. Por esa misma razón, siendo obediente a su interés «nacional», podríamos decir que Francia tiene la obligación de mantener bajo constante vigilancia a su inquieto vecino del sur, un país que ha dejado de ser, definitivamente, aquel arrabal africano que de manera tan veraz y desagradable describe Stendhal en sus notas biográficas sobre Napoleón.

Francia coopera, hoy más que nunca, en la persecución de ETA, porque el paradigma antiterrorista se ha impuesto nítidamente en todo Occidente y porque en París preocupa un posible deterioro del País Vasco francés. Francia es hoy un buen aliado de España y, a la vez, un competidor.

Volvamos al mapa. Tuve acceso a él a través de Josep Vicent Boira, profesor de Geografía Humana de la Universitat de València, colaborador de *La Vanguardia*, pertinaz defensor del Eje Mediterráneo y, sobre todo, buen amigo. Boira pertenece a lo mejor de la actual intelectualidad valenciana: moderado, pragmático, perspicaz, es uno de los grandes defensores de la reconciliación entre Valencia y Barcelona. Boira es un eficaz adversario del sectarismo.

Volví a ver este mapa en Badajoz, en el otoño de 2007. Lo traía consigo el concejal del Ayuntamiento de Barcelona Jordi Williams Carnes, responsable del área de promoción económica e invitado al foro hispano-portugués Ágora, que anualmente organiza la Junta de Extremadura. Con el apoyo del inevitable Powerpoint, Williams Carnes proyectó el mapa, lo explicó en sus líneas generales y poco más añadió. Hombre de formación inglesa, fue bastante lacónico. Fue directo al grano: «O espabilamos, o dentro de veinte años lo podemos pasar bastante mal». Se hizo el silencio y por unos minutos la retórica luso-española (los encuentros Ágora suelen ser interesantes, pero no pueden escapar al envoltorio formal de ese tipo de reuniones) quedó en suspenso, como carente de sentido. Como si el nexo con la realidad de repente se hubiese debilitado.

El nexo con la realidad, he ahí una cuestión española.

Ese silencio embarazoso muestra la existencia de un vacío: el debate estratégico se halla fuertemente debilitado en España; debilitado y suplantado por el debate supuestamente trágico sobre el devenir español. El gran espectáculo de los últimos cuatro años. El gran simulacro de los últimos cuatro años. La obsesión por el devenir y la escasa preocupación por la deriva.

A fuerza de convertir el añejo sentimiento trágico de la vida en vulgar simulacro (la célebre «balcanización» de España, profetizada por Aznar en 2005, tres años antes de que su partido, acuciado por la urgencia electoral, redescubriera las dulces virtudes del centro), el sentimiento práctico de la vida ha perdido peso en la esfera pública española. En la esfera política.

Tampoco el socialismo ha contribuido a una nueva practicidad española. Empeñado en construir su propio discurso heroico, José Luis Rodríguez Zapatero comenzó su primera legislatura retirando «épicamente» las tropas destacadas en Babilonia, quiso devenir después el «pacificador» del País Vasco y acabó sus primeros cuatro años como presidente del Gobierno abrazado a la Contabilidad Nacional, confiando su suerte electoral a los efectos balsámicos y continuistas de una bonanza económica que estaba a punto de caducar. El 9 de marzo de 2008 la crisis pasó rozando el timón de cola del PSOE. Tuvo suerte Zapatero. Una vez más.

Por supuesto, funcionan en España importantes círculos de análisis y discusión estratégica (en los estados mayores de las grandes empresas, en los gabinetes de estudio de los grandes bancos, en la cúpula de algunas administraciones autonómicas, en las fundaciones de los propios partidos políticos...), pero la discusión estratégica ha sido expulsada del debate político.

Los mapas del futuro español, de nuevo, los dibujan fuera de la península. Ese arrabal que tan poco gustó a Stendhal. Los dibujan en Bruselas. Y más allá.

Nadie sabe cómo y cuándo concluirá la crisis económica. Antes de que llegase el incierto vendaval, la Unión Europea dibujó una cartografía del año 2030, en la que Europa aparece, de nuevo, carolingia: un fuerte núcleo germano-francés, junto con la potencia de Londres, el bienestar escandinavo, la riqueza acumulada en el norte de Italia y las marcas hispánicas. Tres marcas: País Vasco, Madrid y el Eje Mediterráneo (Catalunya, Valencia y el área logística de Zaragoza). Tres islas de alto desarrollo económico. ¿Será capaz de resistir el actual esquema autonómico, la actual dinámica centro-periferia, las nuevas especializaciones del territorio, las nuevas desigualdades que se adivinan para los próximos veinte años? Tras el fuerte balanceo atlántico, ¿es imaginable un renacimiento mediterráneo gracias a las naves mercantes de Oriente?

EL ROSTRO DE JOVELLANOS

Francisco de Goya pintó en 1798 a Gaspar Melchor de Jovellanos, cuando este se hallaba al frente del Ministerio de Gracia y Justicia. Cobró 6.000 reales por el encargo. Goya era amigo de Jovellanos y conocía su carácter melancólico. El reformista asturiano, hombre tan brillante como de incierta fortuna, aparece en el cuadro con el rostro apoyado en la mano: una mirada triste, con la sospecha de que el país no tiene arreglo. Al fondo, una estatua de Minerva, diosa de la sabiduría. ¿Vuelve ahora la mirada de Jovellanos con los desarreglos de la crisis económica? Atentos al rebrote de la melancolía. A continuación dos crónicas, dos historias ejemplares de los días en que la fiebre del oro comenzó a remitir en España.

Las puertas de Villacañas

Villacañas es un lugar de La Mancha. De La Mancha toledana, en la ladera de la sierra del Romeral. En este poblachón rodeado de viñedos y campos de cereal, donde los más pobres del lugar vivieron un día bajo tierra, se fabrica más del setenta por ciento de las puertas de madera que se instalan en España. Que se instalaban, conviene precisar, ya que el frenazo en la construcción está teniendo efectos catastróficos en Villacañas, donde ya son más de un millar los trabajadores despedidos o en expediente de regulación de empleo. El pueblo cuenta con 10.700 habitantes y la fabricación de puertas empleaba a cuatro mil personas.

Vivían bajo tierra en Villacañas, cuando la carestía de la vivienda era mucho más áspera y no había hipotecas hasta la eternidad. Entre las familias pobres era costumbre que los novios excavasen con sus propias manos la casa subterránea que les daría cobijo; como en la Capadocia turca, como en la tunecina Matmata, como en las cuevas de Jaén y Granada, como en la increíble casa de piedra de Alcolea del Pinar (Guadalajara) labrada por el jornalero Lino Bueno durante toda una vida de martillo y cincel. Héroe de la España blanca en tiempos de un imposible bolchevismo castellano, a Lino Bueno el general Primo de Rivera le dio un diploma. Y en Villacañas, las casas subterráneas dieron nombre al barrio de Los Silos, convertido hoy en atracción turística, junto con la Casa Museo de la Tía Sandalia, que fue la santera del pueblo. En este lugar de La Mancha, allá en los años sesenta, el carpintero Abilio Cuesta fue el pionero del negocio de las puertas: puertas prefabricadas con tablero recio y molduras macizas. Poco a poco, los talleres de carpintería fueron creciendo y los últimos diez años han sido un auténtico festival de la puerta prêt-à-porter. *Tanta era la faena, que algunas empresas nacieron por la ambición desbordante de los de abajo: un grupo de trabajadores interceptaba la cartera de pedidos y creaba su propio taller. Había para todos. Villacañas se fue llenando de sucursales bancarias, bemeúves y chalecitos de nueva planta. Y el abandono de los estudios aumentó de manera fulminante. Los chicos dejaban el instituto para ganar un buen jornal en la carpintería. El emporio de la puerta de tablero recio y moldura maciza se convertía así en un precioso ejemplo de la turbo España del euro fuerte, el crédito barato y el ladrillo milagroso.*

Ahora, de golpe, sin previo aviso, la fiesta parece que

toca a su fin. Los pedidos han bajado espectacularmente por el parón en la construcción y porque los promotores, agobiados por los costes, prefieren las puertas lisas, más baratas. Dice la teoría del caos que el aleteo de una mariposa en Hong Kong puede desencadenar una tormenta en Nueva York; en el caso que nos ocupa, unas hipotecas mal pagadas en Harlem —las famosas subprime *han sido contratadas mayoritariamente por la población negra de Estados Unidos— han envuelto Villacañas, arriesgado lugar de La Mancha, en una discreta nube de tristeza. En la plaza mayor (plaza de España, reza la lápida) está casi todo lo que debiera estar: el Ayuntamiento, el bar, la oficina de empleo público, la oficina de la Junta de Comunidades de Castilla-La Mancha, la sucursal bancaria, la fuente y una moderna agencia inmobiliaria. De la fuente no mana agua y de la agencia sólo queda un cartel. Se alquila.*

De Villacañas hablan en Madrid como ejemplo de la que está cayendo, aunque hay otros pueblos de la provincia de Toledo, Illescas y Esquivias, ambos de la comarca de La Sagra, que se hallan en situación muy parecida. Esto es lo que hay. España entera está diciendo adiós a una época.

Historia de un camión

Los nombres son inventados, pero la historia es rigurosamente cierta. Es una historia de Madrid. Del Madrid a pie de obra. Francisco García es camionero. Hace diez años, cargaba y descargaba arena para una de las empresas constructoras de Florentino Pérez. Cumplía un horario y con tanta obra tenía perfectamente asegurado el salario. Gobernaba Aznar, impasible el ademán, y en el palco del Bernabeu se pactaban golosos contratos. Ladrillo va, ladrillo viene. A medida que las grúas se multiplicaban, la arena corría a rauda-

les. España iba tan bien que Francisco García decidió instalarse por su cuenta. Hipotecó su piso y compró un camión. Un enorme camión con el que poder transportar muchísima arena.

El vehículo trabajaba las veinticuatro horas del día. La mitad de la jornada lo conducía Francisco y la otra mitad Ramiro, un inmigrante paraguayo muy trabajador, con una hermana guapísima, Olga, empleada del hogar en una casa de Madrid. El día que Francisco conoció a Olga se quedó prendado de ella. Se gustaron tanto que Francisco, casado y con hijos, acabó poniéndole un piso en Parla, como hacían antes los señores de Barcelona en la calle Aribau.

No nos distraigamos. España iba bien y Francisco compró un segundo camión, y luego, otro. A crédito, claro está, puesto que había un montón de trabajo y los tipos de interés estaban bajísimos.

Viajó a Paraguay y se trajo a España a otros tres hermanos de Ramiro y Olga para emplearlos en el transporte de arena. Aprendió informática y manejaba él mismo la contabilidad. Una vida emocionante. Dos hogares, tres camiones, cuatro paraguayos en nómina y mucha arena que transportar. Y como no hay vértigo sin coche deportivo, Francisco se compró uno. A crédito. Ya no estaba Aznar. Gobernaban Zapatero y su ceja circunfleja, pero, qué caray, España seguía yendo bien. Iba bien hasta que en Estados Unidos a alguien se le ocurrió ofrecer hipotecas baratas a gente de escasa solvencia. Un buen pelotazo. Empaquetadas sin la pertinente etiqueta (atención, riesgo de morosidad), estas hipotecas —miles, centenares de miles— fueron compradas y recompradas en el mercado financiero internacional. Hasta que un día, hace más o menos un año, la pirámide comenzó a venirse abajo. El pufo es monumental. Un agujero mayor que el de la capa de ozono en los activos bancarios y una brutal crisis de confianza.

Así fue como la España del ladrillo dejó de ir como un cohete y Francisco empezó a preocuparse por su flota. El gasóleo subía y los intereses relinchaban en el banco. Pasadas las elecciones, los pedidos cayeron en picado. Dos hogares, tres camiones, cuatro paraguayos en nómina, un coche deportivo y un montón de deudas. Una vida de vértigo, ahora sí. Agobiado y a punto de venderlo todo, de malvenderlo todo, Francisco se sumó un lunes a los airados piquetes de la huelga del transporte.

«El problema no es que la economía española vaya a la ruina. España aguantará el bajón. El problema es que llevamos catorce años seguidos de crecimiento y la gente ya no se acuerda de lo que son las vacas flacas. Hay cierta histeria en el ambiente, toda una generación que no sabe lo que es una crisis económica. Lo vamos a pasar mal.» Así reflexionaba un alto responsable socialista, con cara de preocupación ante las imágenes de los camiones incendiados. Con esa cara que puso Jovellanos cuando Goya lo retrató en 1798. El ilustrado Gaspar Melchor de Jovellanos, que un día melancólico escribió a sus amigos Saavedra (ministro de Hacienda) y Cabarrús (embajador en Francia) que temía la ruina del espíritu.

3

UN LUGAR LLAMADO REGIÓN

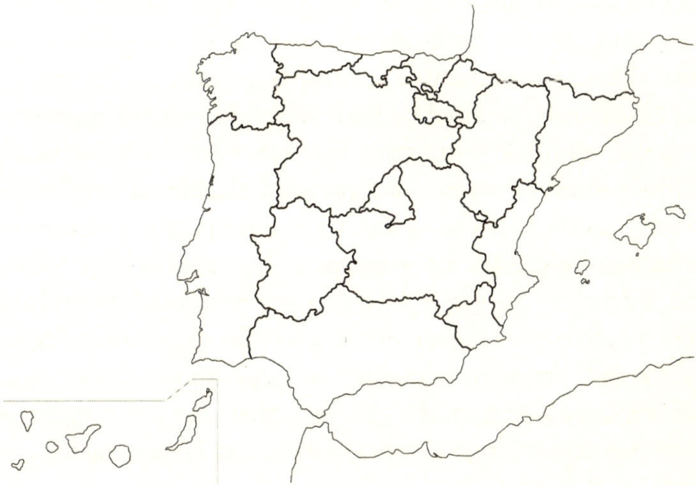

«Cualquiera que haya vivido la Guerra Civil sabe que, junto a la cuestión religiosa, la cuestión del regionalismo —del antirregionalismo, para ser más precisos— fue elemento de inmensa eficacia para anexionar voluntades.»

DIONISIO RIDRUEJO,
Escrito en España, 1962

Después de cuatro años de inútiles furores, una vez constatado que no vivimos en los Balcanes y que nada sustantivo o trascendental parece que vaya a romperse de inmediato, una pregunta parece pertinente: ¿qué es lo que de verdad se está rompiendo en España?

En algunos de sus aspectos tradicionales, la vida local ha desaparecido en España. Cafés y casinos han dejado de ser ámbitos de cierta vida social y política. Las asociaciones de vecinos —hace dos décadas, voluntariosas animadoras de la vida ciudadana— languidecen, como si ya no tuviesen motivo. Los ayuntamientos, moralmente abollados por las barbaridades que muchos han cometido con el urbanismo, trabajan agónicamente para mantener con vida cierta noción de interés común. La figura del alcalde ha perdido esmalte y prestigio social. Y casi todo concejal de urbanismo se halla bajo sospecha. La vida social ha perdido base territorial. Internet y los viajes a bajo coste están configurando un nuevo marco para el trabajo, el ocio y las relaciones sociales. Para la vida familiar, también. Los viejos apegos territoriales, todavía muy bien pertrechados sentimentalmente, comienzan a ser sustituidos por nuevas afinidades: la generación, los gustos y el género.

La sociedad de bajo coste (y de bajos salarios) desdibuja los viejos sentimientos de pertenencia, sin eliminarlos, sin liquidarlos, ni anularlos. Les resta agudeza política. Los exagera en forma de melodrama. Los convierte en un relato más de los muchos que cohabitan en el nuevo entramado social. Los caricaturiza, incluso. Las últimas elecciones generales en España se saldaron con un visible retroceso de los partidos nacionalistas, especialmente catalanes y vascos. En el País Vasco, tanto el Partido Nacionalista, como sus dos aliados menores, Eusko Alkartasuna y Ezker Batua (Izquierda Unida) perdieron más de ciento cincuenta mil votos en relación con las legislativas del año 2004. Uno de cada tres electores nacionalistas o soberanistas se quedó en casa o votó al Partido Socialista de Euskadi (PSOE), cuya cosecha de marzo de 2008 fue una de las mejores de la historia del socialismo vasco.

En Catalunya se produjo un fenómeno similar, aunque distribuido de manera distinta. El partido teóricamente «joven», Esquerra Republicana de Catalunya, se pegó un extraordinario batacazo, perdiendo más de la mitad de su electorado (los 636.810 votos de 2004 se vieron rebajados a 289.987), mientras que Convergència i Unió, más tradicional, más probada, más «vieja», conseguía una apurada estabilidad, con una ligera pérdida de unos cincuenta mil votos. Sumados unos y otros, el nacionalismo catalán habría perdido unos cuatrocientos mil sufragios, casi una tercera parte del capital electoral que CiU y ERC lograron acumular en 2008.

En Galicia, por el contrario, el Bloque Nacionalista Galego se mantuvo al alza, certificando el éxito de su pragmatismo como socio del PSOE en la Xunta de Galicia. En Andalucía, el Partido Andalucista ha pasado a mejor vida, así en las elecciones generales como en las autonómicas. En Aragón, tras la jubilación del entrañable José Antonio Labordeta, la Chunta Aragonesista ha quedado muy mermada (perdió la mitad de sus votos) y sin escaño en el Congreso, mientras que el Partido Aragonesista sigue dormitando con un discreto 5 %. En la Comunidad Valenciana, el valencianismo de extrema derecha ha pasado a mejor vida en tanto que oferta política diferenciada. En las Baleares, la pulsión nacionalista también ha perdido peso electoral, aunque vuelve a ser fuerza de gobierno. En el otro archipiélago, Coalición Canaria ha perdido un tercio de su electorado... y ahora se declara soberanista. En fin, nacionalistas y regionalistas retrocedieron seriamente en las últimas elecciones generales españolas. La fase álgida del denominado nacionalismo periférico tal vez haya entrado en una fase de decaimiento. Lentamente, España se estaría «reespañolizando». El mapa en blanco estaría disminuyendo el grosor de las divisiones territoriales.

¿Es realmente esta la relación de fuerzas entre los dos mapas que encabezan nuestro relato?

Creo que no. Las convocatorias electorales están cada vez más especializadas, de manera que las elecciones generales priman a los partidos de ámbito general, mientras que las elecciones locales y regionales dan respiro a los partidos más y mejor adiestrados en la reivindicación territorial. Vivimos un tiempo de continuas superposiciones. Y no debemos olvidar otro factor importante, importantísimo: con distinta graduación e intensidad, los dos grandes partidos españoles, PSOE y PP, han asimilado hábilmente parte de las reclamaciones nacionalistas y regionalistas, pese a que sus discursos oficiales, especialmente el del PP, en muchas ocasiones sugieran lo contrario. Los dos grandes partidos españoles son también partidos regionalistas. Dos en uno, como en el supermercado. Los dos mapas (el de la uniformidad y el de la particularidad) perfectamente superpuestos.

El caso de Catalunya es el más evidente. El PSC, partido jurídicamente autónomo del PSOE, es el que ha ido más lejos, disputando abiertamente a los nacionalistas la bandera del catalanismo, no sin grandes contradicciones con la calle Ferraz de Madrid, donde muchas noches se maldice el día, allá en 1977, en que Felipe González y Alfonso Guerra renunciaron a la Federación Catalana del PSOE en favor de ese extraño y eficaz híbrido llamado PSC. «Primero Catalunya, después Zapatero.» Con estas palabras cerró José Montilla el 11.º congreso del PSC, el 20 de julio de 2008. El mismo Montilla que tres años antes era la gran esperanza del PSOE para embridar a Pasqual Maragall, para acabar con el «reinado loco» del hombre que quiso ir más allá de Jordi Pujol. «Primero Catalunya, después Zapatero», dijo el aparato del socialismo catalán. Y cuando el aparato habla, suele quedar bastante claro cuáles son los intereses de los profesionales que lo integran. «Primero Catalunya, después Zapatero», ha dicho el mismo aparato que en Ferraz veían como precinto de garantía ante las extrañas audacias de los hermanos Maragall.

En Andalucía, el PSOE es el gran partido regionalista desde 1980, la CiU del Sur, como ha quedado perfectamente de manifiesto en el inconcluso debate sobre la financiación de las autonomías. En la Comunidad Valenciana, el Partido Popular muestra cada vez más una fuerte vocación regional. Otro tanto ocurre con el PSOE balear y con el aragonés, ambos aliados con partidos de fuerte componente regionalista. El PSOE de Galicia ha roto el imperio de Manuel Fraga (que a su vez regionalizó al PP hasta aproximarlo a algunas ideas del galleguista Castelao), mediante una sólida y seguramente perdurable alianza con el Bloque Nacionalista Galego.

En el País Vasco, aparentemente dividido en dos bloques irreconciliables, los socialistas también han absorbido parte del discurso nacionalista en busca de una centralidad de alto rendimiento electoral, que se ha visto reforzada por la apuesta de Zapatero por la rendición negociada de ETA. Y en Madrid, en el centro de todos los absolutos, Esperanza Aguirre cabildea una habilidosa mezcla de casticismo madrileño (regionalismo, por tanto) y retórica unitario-liberal: Dos de Mayo y grandes superficies comerciales. Que nadie se engañe respecto a las verdaderas credenciales de la Comunidad de Madrid: regionalismo bien envuelto en la bandera rojigualda.

Pierden peso (parece) los viejos nacionalismos y gana intensidad el regionalismo, el catalanismo, el vasquismo y el galleguismo integrados; integrados en calidad de componente federal o variable regional de los dos grandes partidos españoles. Lo cual provoca una mayor radicalización de los discursos nacionalistas clásicos, obligados ahora a competir en el mercado electoral con mayor dureza e hipérbole. Lo cual (perdone el lector el abuso del pronombre relativo) tiende a alejarles de la centralidad social, enajenándoles el apoyo de los electores moderados que durante años votaron al PNV o a CiU. Porque no veían mejor alternativa que combinase pragmatismo y defensa de los intereses inmediatos, y también porque confiaban en la demostrada capacidad de Jordi Pujol y Xabier Arzalluz de garantizar cuatro días de moderación por cada jornada de excitación. Cuatro a uno, esa era la antigua y sabia proporción: Aberri Eguna, Onze de Setembre y demás fiestas de guardar. Cuatro a uno. La fórmula mágica. Así se hizo la Transición.

Tomando al pie de la letra la vaporosa «España plural» de José Luis Rodríguez Zapatero (ahora prudentemente rebautizada como la «España diversa»), Pasqual Maragall rompió la tónica de Pujol y jugó al dos a dos: dos días de moderación por cada dos jornadas de excitación. Dos a dos, más alguna que otra «maragallada» (la propensión del ex presidente de la Generalitat al verso libre en situaciones especialmente complicadas). Tal atrevimiento, derivado en buena medida de la obsesión de ir más allá que Pujol, de superarlo en términos históricos y sentimentales, le costó muy cara al entrañable Maragall.

Juan José Ibarretxe también ha querido ir más allá, con un tres por dos —tres días de excitación por dos de moderación—, y ha metido al Partido Nacionalista Vasco en un buen jardín. La evolución política y electoral del PNV dará una idea bastante exacta de cuál es la «nueva frontera» que los nacionalismos clásicos pueden asumir en España sin romperse; sin dejar en el andén a los electores que no desean ir mucho más allá de un autonomismo subido de tono o de un independentismo idealizado, especialmente los fines de semana, después de una buena comida. Sin desearlo, sin imaginárselo siquiera, es muy posible que Ibarretxe y sus intrépidos asesores hayan activado el mecanismo de freno de la supuesta centrifugación de España.

¿España, balcánica? Bobadas. Propaganda barata que ni siquiera José María Aznar se atreve a volver a poner en circulación. España es un mercado político complejo, enrevesado incluso, con un punto de frivolidad alimentado por el largo y venturoso periodo de prosperidad que se inició en 1986 con el ingreso en la Comunidad Económica Europea. Una verbena espléndida, que ahora toca a su fin. Que ahora concluye abruptamente. Qué caray: el Estado de las Autonomías es una astucia ideada por Adolfo Suárez, Fernando Abril Martorell y Rodolfo Martín Villa, con el concurso de Felipe González y Alfonso Guerra (y la anuencia de los catalanes en 1977-1980), que el país se ha podido pagar. Los límites de la fiesta comienzan a vislumbrarse ahora.

Tras catorce años consecutivos de crecimiento, con una expansión del bienestar material sin precedentes históricos, la sociedad española ha desarrollado actitudes bastante pragmáticas. La gente da su voto a nacionalistas y regionalistas cuando éstos aparecen como una opción útil para la defensa de los intereses inmediatos, y se lo piensa dos veces cuando su discurso adopta perfiles aventureros (plan Ibarretxe en el País Vasco) o simplemente delirantes (la evidente deriva *freak* de Esquerra Republicana de Catalunya en muchos de sus comportamientos). Tienden a resistir mejor las opciones nacionalistas de orientación moderada o realista; bien porque así lo impone la experiencia de gobierno, como es el caso del Bloque Nacionalista Gallego, bien porque la moderación ejercitada durante la Transición sigue siendo su marca distintiva, como es el caso de Convergència i Unió, hoy a la intemperie, sin apenas posiciones de poder en Catalunya, pero resistiendo todavía (todavía) a las voces que desde su interior la llaman a la aventura radical. Bueno, no exageremos.

Voces que llaman al dos por dos: dos días de excitación por dos de moderación y relajo.

No estamos, por tanto, ante un eclipse total o muy acusado de las corrientes nacionalistas en España, sino más bien ante la soberana derrota de las tesis y actitudes «balcanizadoras» que en la pasada legislatura quisieron definir el marco psicológico español. España no se rompe, pero ha calado en la sociedad cierto temor a que las tensiones territoriales vayan demasiado lejos.

Este temor, que la actual crisis económica multiplicará y potenciará, contribuye a explicar los resultados electorales del 9 de marzo de 2008, cuando triunfaron aquellos partidos que consiguieron trasladar al electorado un mensaje balsámico o pacificador. Esta fue, seguramente, una de las habilidades del presidente Rodríguez Zapatero, sacándose de la manga la reforma de los Estatutos de Autonomía. Todo un ejercicio de astucia. Un peligroso ejercicio de astucia, puesto que aún no conocemos todo el recorrido de la operación; en Catalunya, sobre todo. El líder del PSOE consiguió que el Partido Popular cayese en la trampa de la radicalización excesiva del mensaje unitarista español. Mucha gente sentía miedo al oír a Aznar hablando, aparentemente en serio, de la balcanización de España. Y el miedo no siempre ayuda a ganar las elecciones, aunque los gurús del Partido Republicano de Estados Unidos sostuviesen lo contrario, antes de topar con un señor llamado Barack Obama, capaz de construir un atractivo discurso político sobre nuevas bases.

Los españoles tienen demasiadas cosas que perder como para lanzarse fácilmente en brazos del drama. Sólo los países en profunda crisis, sin horizontes colectivos y con fuertes elementos de odio y disgregación en su interior, se lanzan a aventuras suicidas como la que pulverizó Yugoslavia en los años noventa. Hay que tener mucho miedo, o bastante mala fe, para afirmar que España puede vivir un proceso similar al de Yugoslavia en los próximos años. O creer —seguramente este era el caso de Aznar— que el tremendismo y la dramatización pueden dar excelentes réditos políticos y electorales. El 9 de marzo de 2004 quedó demostrado que no es así. Y el 4 de noviembre de 2008 los electores estadounidenses lo refrendaron a gran escala. El miedo no es imbatible como arma electoral.

No lancemos, sin embargo, las campanas al vuelo. Estamos ante una gran incógnita. Nadie sabe cuáles van a ser los efectos de la brusca desaceleración de la economía sobre la vida política. Es un misterio. Por lo pronto, porque nadie conoce la dimensión real de la crisis y su duración. Los más optimistas hablan de una recuperación en el plazo de dos años y los más pesimistas afirman que ya nada volverá a ser igual en la economía occidental, de manera que estaríamos entrando en una etapa de gran incertidumbre a escala planetaria, con especial incidencia en Europa, especialmente en la vieja Europa.

La sociedad española afronta esta incierta borrasca con una experiencia de éxito a sus espaldas; por primera vez en su historia, probablemente. Lo recordaba hace unos meses el sociólogo José Juan Toharia, entrevistado por el periodista Pedro Vallín en *La Vanguardia*: «La ventaja de España es que es el país más optimista de Europa. Hemos conocido treinta años de progreso, con sus baches, y en ese tiempo hemos pasado de ser un país pobre a ser un país rico, de ser la periferia del mundo desarrollado a estar integrados en Europa, de sufrir una dictadura a disfrutar una democracia... es la historia de un éxito. Y eso hace que no se perciban los problemas como amenazas insolubles».

Siempre en clave optimista, Toharia planteaba otra interesante observación. «La clave para trascender las divisiones sociales de un país es la existencia de una élite política con conciencia de pacto. En España es al revés. Los sondeos nos indican que muchos españoles creen que en este país son muchas más las cosas que nos diferencian que las que nos unen, pero los españoles lo ven como una riqueza, como algo positivo. Sin embargo, los políticos se dedican a atizar esas diferencias.»

Los efectos a medio plazo que el actual frenazo económico va a tener en la política española son todavía una gran incógnita, entre otras razones porque nadie es capaz de efectuar un diagnóstico fiable sobre la duración exacta de la tormenta. Los más optimistas creen que dentro de dos o tres años, España podrá reemprender el círculo virtuoso de la última década (crecimiento por encima del 2 %, creación de puestos de trabajo, descenso del paro, superávit en las cuentas públicas, correcta provisión de las pensiones, moderada conflictividad social como consecuencia de la inmigración masiva...), mientras que otras voces más pesimistas auguran que España, lastrada por el brusco estallido de la burbuja inmobiliaria y el abultado déficit exterior, será la economía europea que más tiempo tardará en recuperarse. Algunos economistas auguran un ciclo crítico de más de quince años. Puede que hayamos entrado en un largo túnel.

En la primera hipótesis, la de una crisis pasajera, las tesis del sociólogo Toharia serían totalmente válidas: el optimismo acumulado permitirá afrontar la adversidad sin graves daños en el sistema político, es decir, con una razonable continuidad del actual sistema de alternancia, este imperfecto Cánovas-Sagasta que necesita del concurso de los partidos nacionalistas. Si, por el contrario, se afianzase la segunda hipótesis, esto es, una crisis de muy largo recorrido, sería conveniente comenzar a mirar a Italia, tenso laboratorio social en el que las clases medias iniciaron hace más de diez años un claro proceso de empobrecimiento. Italia es el país que conviene observar. Italia, más que Francia.

Pero antes incluso de cumplirse la segunda hipótesis, la sociedad se acogerá voluntariamente a la primera. «Los problemas en España no se perciben como amenazas insolubles», apuntaba Toharia. La primera reacción será de una confianza razonable en el futuro. Un voluntarismo positivo. Por tanto, primará la moderación política y serán castigados los extremismos. En la primera fase de la crisis, la lección del 9 de marzo de 2008 sigue siendo válida. Prevención ante los radicalismos. Una cosa es apretarse el cinturón y otra lanzarse a la aventura de inciertas consecuencias. Las elecciones europeas previstas para la primavera de 2009 seguramente serán un buen banco de pruebas. Darán una medida del inevitable desgaste del Gobierno Zapatero, y nos darán alguna pista razonable sobre la tersura de la oposición, tras las fatigas de Mariano Rajoy para afianzarse como líder del Partido Popular. Y sobre las posibilidades experimentales del nuevo partido Unión, Progreso y Democracia (UPyD), como receptor de un posible voto de castigo a populares y socialistas en la actual fase de confusión política y económica. Quienes todavía sueñan con dinamitar el liderazgo de Rajoy para tutelar al PP desde fuera han apostado, y van a seguir apostando, por UPyD. El mensaje de una simplista «reunificación» de España como cura para todos los males puede tener cierto éxito ante los excesivos malabarismos de Zapatero en todos los frentes y el motor diesel de Rajoy, que cada diez kilómetros exclama: «¡Vaya coñazo!».

Dejemos las conjeturas y volvamos a los dos mapas del principio. Al mapa en blanco. Hemos visto que hay unas tendencias de fondo que empujan hacia la sociedad posnacional, hacia la sociedad líquida en la que impera «el nuevo individualismo, el debilitamiento de los vínculos humanos y el languidecimiento de la solidaridad» (Zygmunt Bauman), en la que nuevas afinidades (generación, gusto y género) desdibujan y difuminan los viejos apegos territoriales. Y se vislumbra también, como consecuencia de la crisis económica, un miedo al exceso de tensión política. Un temor a la disgregación de esfuerzos en momentos de dificultad. Ambos factores tenderían a penalizar las dinámicas de tipo nacionalista o regionalista. Otro sociólogo muy leído en España lo ve de la siguiente manera. Habla Manuel Castells: «El signo siempre más evidente de nuestro tiempo es la intensa (podría decirse compulsiva y cada vez más obsesiva) producción de sentido e identidad: mi vecindario, mi comunidad, mi ciudad, mi escuela, mi árbol, mi río, mi playa, mi iglesia, mi paz, mi ambiente [...] indefensas ante el torbellino global, las personas se aferran a sí mismas».

Si la cuestión es aferrarse a uno mismo, la cuestión es qué asidero se presenta mejor en cada momento.

Pero atención al otro mapa. ¿Qué nos dice este mapa? A primera vista, algo obvio: que España se halla dividida en diecisiete comunidades autónomas. Pero hay algo más. Los treinta años de prosperidad, esa acumulación de optimismo en la que tan firmemente cree el sociólogo Toharia, llevan el sello de la regionalización. Las autonomías han sido agentes propulsores del optimismo español, porque, por primera vez desde el delirio cantonal de 1874, la política española ha dado un valor positivo a la particularidad. La provincia ha sido redimida en España y de ello quizá se sorprendería José Ortega y Gasset, que poco antes del advenimiento de la Segunda República escribía: «Es ineludible buscar entre el Estado —cuerpo demasiado grande y abstracto— y el Municipio —demasiado pequeño y no menos abstracto— un tipo de organismo intermedio que sea lanzado al agua de su propia responsabilidad para que se vea obligado a salir nadando» (*La redención de las provincias*, 1927).

Dicho en pocas palabras, el trasfondo positivo de la prosperidad española no es ajeno a la descentralización. Llegados a este punto y para ir terminando este capítulo, amigo lector, el autor se ve obligado a hacer una cosa poco elegante: citarse a sí mismo. «Las autonomías han contribuido a dar un formato moderno al Estado en tiempos de vacas gordas. Queda ahora por ver cuál será su papel, cuando las vacas, poco o mucho, se vean obligadas a adelgazar. Quizás España se convierta entonces en ese irreparable patio de Monipodio que tanto dicen temer los nostálgicos del centralismo. O quizá, contra pronóstico, quede reforzado el Estado nacional gracias a la flexibilidad adquirida; gracias a un nuevo sentido del equilibrio y a la pucsta en marcha de nuevas estrategias de cooperación hasta ahora inéditas y poco imaginadas», escribía hace tres años en un libro titulado *La España de los pingüinos*.

Las vacas, como es bien sabido, comienzan a presentar claros y preocupantes síntomas de delgadez.

La crisis económica acentúa dos pulsiones aparentemente contradictorias: el apego a lo local, acentuado por el éxito de la descentralización y por la creación de diecisiete orgullosas esferas autonómicas; y la «deslocalización», fomentada por las nuevas tecnologías y la economía de bajo coste, por la economía globalizante. La «región» se refuerza y, a la vez, se debilita. ¿Es real esta contradicción? ¿Menguan el nacionalismo catalán y vasco y los regionalismos en beneficio de los dos grandes partidos españoles, como parecen indicar las elecciones generales del 9 de marzo de 2008? ¿O estamos ante un mero efecto óptico ya que la crisis, al reducir las expectativas de prosperidad y ascenso social, radicalizará de nuevo los viejos apegos?

Hay vida en Madrid más allá de la esfera futbolística, hinchada a más no poder por el entusiasmo genuino de la gente y por grandes intereses comerciales. Escribámoslo claro para ir entrando en materia. De una manera rotunda, a la castellana manera. La Nación española está en venta. Está en almoneda: venta pública de bienes, con licitación y puja. Con mucho ahínco, se la disputan en Madrid tres o cuatro corporaciones mediáticas, ansiosas de captar un público fiel y cohesionado ante la larga crisis que nos espera. La acuñación de la «roja» como nueva marca de la españolidad deportiva y el lanzamiento a gran escala de un manifiesto en defensa de la lengua castellana no han coincidido por casualidad. Son anticipaciones de una nueva fase del comercio de las ideas y los sentimientos en España. Una pugna que será dura, entretenida y con muchas y variadas escaramuzas. Una batalla política, por supuesto.

Contemplado con el punto de frialdad que se merecen todas las fiebres patrióticas —las fiebres, las hipérboles y las teatralizaciones—, el fenómeno resulta fascinante y hasta cierto punto esperanzador. Que los deseos de posesión y explotación de la sentimentalidad española hayan sido transferidos, sin riesgo de vuelta atrás, de los cuarteles militares a los departamentos de marketing, constituye un avance de la civilización, que nos ilustra sobre algunas de las ventajas de la actual confusión europea. Ese momento tan de nuestros días en que las naciones viven sin vivir en sí. Son y no son en el interior del vasto magma imperial al que Bruselas no consigue dar forma. Ni sentido.

Hay días, como hoy, en que la Nación grita con furia: «¡Ey, estoy aquí!», pero sus atributos más trágicos, y por consiguiente más poderosos, se hallan agostados en Europa. La Nación ya no puede enviarnos a la guerra, ni empobre-

cernos con una devaluación mal calculada. Esas decisiones ya no le pertenecen. Perdida la posibilidad de arruinar vidas y haciendas, concentra ahora todas sus energías en el alma humana. La Nación es hoy una manera, aparentemente inapelable, de organizar los sentimientos.

«Es brutal la energía que te transmite la masa», declaraba en el diario El País *Àngels Barceló, animadora del plató futbolero instalado en la plaza* Colón *de Madrid. «La energía de la masa.» Barceló debe de haber leído a Elías Canetti: «En todas partes, el hombre elude el contacto con lo extraño»* (Masa y poder).

Pero hay vida en Madrid más allá de la espectacular puja nacional. Cerca de la plaza España, tan horrenda como siempre, está la librería El Gatopardo, que adopta la forma de un pequeño salón de lectura. Es una esfera minúscula, elegante y acogedora. Un buen refugio donde meditar sobre lo que puede que esté cambiando para que nada —o todo— cambie. Dispuestos aquí y allá con amable descuido, los libros parecen tomar la palabra. En un rincón, levanta la mano la reeditada Historia del anticlericalismo español, *de Julio Caro Baroja, con prólogo de Jon Juaristi. También vienen ganas de degustar la intrépida frescura de la* Historia general de los piratas, *de Daniel Defoe, sobre todo por la sugerente actualidad del título. Y hay que prestar atención, mucha atención, a* La dejación de España, *de la socióloga Helena Béjar, ensayo del que mucha gente habla en Madrid como aproximación lúcida a la nación que vive sin vivir en sí. Béjar se pregunta por qué lo español ha estado tanto tiempo asociado a franquista, facha, españolazo, centralista y autoritario, y aboga por un nuevo nacionalismo (español) integrador. Concluye: «Sólo el reconocimiento de pertenencia, también el español, puede llevar a aceptar la libertad y la diversidad nacional».*

Parece que hay vida inteligente más allá de la almoneda. Veremos.

4

ZAPATERO ANTE EL EFECTO MODIGLIANI

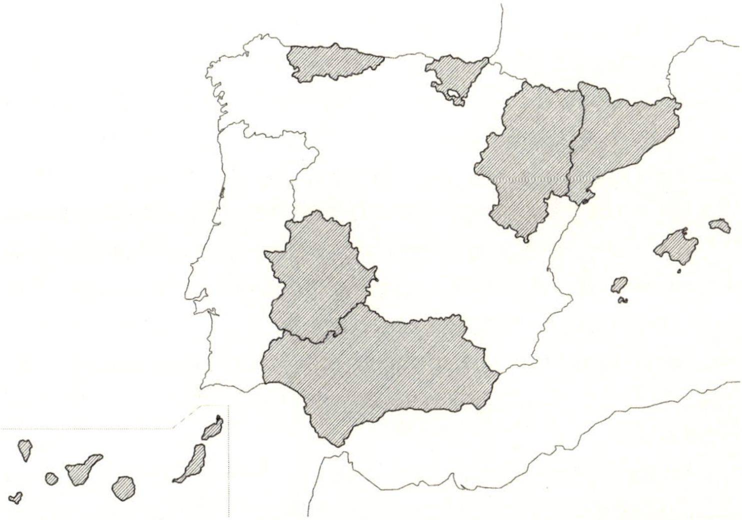

«Lo que se ha roto ya no puede ser pegado.»

ZYGMUNT BAUMAN, *Modernidad líquida*

En 1977 y 1979 los españoles votaron a un hombre, Adolfo Suárez, al que veían como garante de una transición sin sangre. En 1982 apoyaron con generosidad al partido mejor situado para alejar a España del fantasma del golpismo y garantizar el ingreso en la próspera Europa: el PSOE. Le siguieron votando hasta 1996, gracias al carisma, la templanza y la profesionalidad de Felipe González. Desgastada la intensa hegemonía «felipista» por el paso del tiempo y la corrupción de algunos altos cargos, los españoles votaron al Partido

Popular con la precaución de no dar demasiado poder a José María Aznar, siempre enemistado con todo lo que huela a simpatía. En 2000 certificaron el éxito económico de Aznar, sin más preguntas ni precauciones. En 2004, bajo el impacto emocional de los atentados de Madrid, votaron contra la prepotencia de Aznar. Y en 2008 votaron contra un relato que no les gustaba: contra la interpretación conspirativo-paranoica del 11-M y contra la agresividad del PP en la oposición. En 2012 quizá vuelva a ganar el PP gracias al recuerdo de su buena gestión económica. Para ello debieran cumplirse, como mínimo, tres requisitos: a) que la crisis sea tan larga, siniestra y profunda como la mayoría de la gente se teme, b) que Mariano Rajoy consiga imponer la reorientación centrista que triunfó en el congreso popular de Valencia, y c) que José Luis Rodríguez Zapatero persista en la torpeza de no saber modular su mensaje en clave dramática cuando van mal dadas, es decir, que persista en su voluntaria ausencia de gravedad.

En muy pocas líneas, acabamos de despachar treinta años de democracia. No está mal. El resumen es muy esquemático, invita incluso a la caricatura, pero nos conduce al núcleo de todo relato medianamente sincero sobre la reciente historia de España: al positivo balance entre libertad y prosperidad. Los últimos treinta años han sido los mejores de este trágico país. Por primera vez, se han aunado democracia y bienestar; libertad política y mejora material; libertad de costumbres y expectativas de progreso para mucha gente. En suma, libertad y ascenso social. No ocurrió así en tiempos de las dos Repúblicas. Ni en la Restauración. España fue un drama perpetuo desde que el sol se puso en Flandes.

Forcemos un poco más el esquema y la caricatura. En España gana quien ofrece garantías de estabilidad y prosperidad y, a la vez, sabe ser «simpático», un buen intérprete del humor popular. Triunfa el partido que transmite seguridad y deja que las cosas campen un poco a sus anchas. Suárez garantizó un final pacífico del franquismo y liberalizó las costumbres (plena libertad de opinión, legalización del divorcio, anticonceptivos sin tanta restricción...). González condujo el país a Europa, universalizó la sanidad pública y amplió la libertad de costumbres en un ámbito tan espinoso como es el del aborto. Empujado por el mejor momento de la ola neoliberal, Aznar pilotó un espectacular despegue de la economía y no tocó nada, ni siquiera el botellón. El día que puso los pies sobre la mesa y casó a su hija con gran boato en El Escorial su destino político comenzó a torcerse. Zapatero ha hecho de la libertad de costumbres y la ampliación de derechos la principal bandera de su mandato (certificado de matrimonio a la unión civil entre homosexuales, aceleración de los trámites de divorcio, ley de igualdad, paridad femenina en el Gobierno, promesa de una nueva ampliación de los límites del aborto...), pero corre el riesgo de morir en el pantano económico. Es «simpático», ha conectado bastante bien con el humor popular, pero corre el serio riesgo de aparecer ante la sociedad como el epígono de la prosperidad española. La ecuación de 1977 puede romperse en sus manos.

En el fondo, es como si los españoles quisieran disfrutar una prosperidad tutelada por el Estado (al estilo del desarrollismo franquista) con grandes dosis de hedonismo. Los españoles quieren vivir tranquilos y a la vez disfrutar a fondo la libertad de costumbres que la dictadura y la jerarquía católica negaron y cercenaron. Seguridad y disfrute, ¿a quién no le encanta este dulce?

Felipe González lo captó a la perfección el verano de 1985, en el momento más tranquilo de su mandato, cuando decidió pasar sus vacaciones a bordo del yate *Azor*, el barco con el que Franco salía a pescar unos atunes tan enormes que parecían cetáceos. «¿Qué juicio haría usted ahora de

Franco, diez años después de su muerte y con su experiencia como gobernante?», le preguntó el periodista Juan Luis Cebrián en una entrevista publicada el 17 de noviembre de aquel mismo año en el suplemento dominical del diario *El País*. «Todavía no hay perspectiva histórica para hacer un juicio con todas sus consecuencias», respondió González al más puro estilo Chu-En-Lai.

(Permita el lector un breve apunte sobre Chu-En-Lai. Bastantes años antes de que González pisara la cubierta del *Azor*, el número dos de Mao Tse Tung había dado una respuesta similar cuando le preguntaron qué pensaba de la Revolución Francesa. «Todavía es pronto para hablar», respondió el más sabio de los dirigentes comunistas chinos. La frase es legendaria, aunque no cabe descartar que el primer ministro chino, pillado por sorpresa, la pronunciase para salir del paso. Los orientales tienen la ventaja de que el misterio siempre juega a su favor. Fue un hombre importante Chu-En-Lai. Siempre fiel a Mao, evitó que el fanatismo de la Revolución Cultural, instigada por su jefe, triunfase de una manera irreversible en China. Sin su astuto contrapeso, China no sería hoy la segunda potencia del mundo.)

Siempre es pronto para hablar cuando las cosas no están del todo claras. Pero cierta perspectiva sobre los últimos treinta años de democracia es necesaria para entender el mapa que encabeza este capítulo. El mapa de la España aún ligeramente escorada a la izquierda, o mejor dicho, al centroizquierda. Volvamos, por tanto, al relato inicial. Al mapa de todos los mapas de la democracia española.

Suárez ganó las dos primeras elecciones porque era el indiscutible hombre puente. Sin su astucia sonriente todo el andamiaje se venía abajo, incluida la monarquía parlamentaria. González realizó la síntesis casi perfecta de los anhelos españoles, pero tuvo un defecto, o dos: se dejó divinizar por la generación progresista del 68 y fue muy indolente en la política de personal, al permitir que algunos golfos alcanzaran posiciones importantes en la estructura del Estado y en el puente de mando de su partido. Alguien sensato tendrá que escribir algún día un perfil crítico de González, que le devuelva la categoría humana: ni dios, ni demonio. González, junto con Jordi Pujol, es el mejor político que ha tenido España en el siglo XX. El más completo. El más intuitivo. El mejor comunicador. El más melancólico, también. Retenga el lector una frase de Mario Soares, que pillé al vuelo hace años en la librería Bertrand de Lisboa, mientras hojeaba un libro de memorias del ex presidente portugués: «González es un gran dirigente, preso de un extraño ensimismamiento rural, que muchas veces le paraliza». Soares y González nunca se han llevado bien. Hijos de una misma divinidad (Willy Brandt, la socialdemocracia alemana), ambos tienen en común la tendencia a creerse imprescindibles. «He perdido la libertad para que los demás la tengan», decía González en la citada entrevista con Cebrián.

Aznar fue el primero en romper la exitosa ecuación de 1977: determinación + libertad de costumbres + simpatía. Aznar creyó que el espectacular aumento del consumo interno le exoneraba de caer bien a la gente. Complacer el humor popular le importaba una higa. Aznar desdeña la ética y la estética del consenso. «Primero ganar y después pactar» es una de sus frases favoritas. Pura relación de fuerzas. Fue el primer gobernante de la restauración democrática que se creyó autorizado a poner los pies sobre la mesa. Todo lo que le ocurrió después indica que cometió un severo error.

Rodríguez Zapatero actúa en sentido contrario, con una extraordinaria capacidad de cálculo. Zapatero busca constantemente la empatía aun a costa de sacrificar un diálogo más sincero con la realidad. En algunos aspectos, recuerda a Suárez: intenta disolver con el embrujo de las palabras los más severos y enrevesados problemas. Así afrontó la reforma del Estatut de Catalunya, la negociación con ETA y los primeros meses de la crisis económica, momento en que se obcecó en no llamar crisis a lo que todo el mundo veía como algo mucho más grave que un «aterrizaje suave» de la economía española. Buen profesional de la política parlamentaria, obsesivo lector de diarios y sondeos de opinión, el más gélido e imperturbable de todos los jefes de Gobierno de la democracia, presenta rasgos de pensamiento mágico. No deja de ser curioso que Zapatero sea buen amigo del premier portugués José Sócrates (cortado con el mismo patrón) y haya congeniado con Silvio Berlusconi, pese a la gran distancia ideológica entre ambos. Enamorado de sí mismo, Berlusconi también tiende a creer que ningún problema se resiste a su talento y voluntad. Maneras de ser.

Zapatero navega bien cuando la mar está plana, como quedó perfectamente demostrado en su primera legislatura, pero se desdibuja con la furia de las olas. Y ahora hay tormenta. Nadie, a ciencia cierta, sabe cuándo amainará el temporal económico. La primera dificultad del presidente del Gobierno en momentos de tormenta tiene que ver con el lenguaje. No dramatiza bien. Le cuesta adquirir la gravedad precisa. Requiere que la tozudez de los sondeos le convenza de la necesidad imperiosa de un cambio de registro, como ocurrió en octubre de 2008: en muy pocas semanas pasó de negar la existencia de la crisis económica a encabezar, hiperactivo, medidas de grandísimo calado para asegurar la estabilidad de la banca y de las cajas de ahorro. Medidas que, de ejecutarse en su totalidad, comprometerían el 15 % del producto interior bruto y elevarían el déficit del Estado al 20 %; medidas nunca adoptadas en España. En menos de un mes, Zapatero fue capaz de pasar del más impermeable de los optimismos a liderar —en la senda abierta por Gordon Brown en el Reino Unido— la intervención del Estado en la economía financiera. ¿Frialdad profesional, aguda habilidad táctica, extrema soltura en la lectura de las encuestas? Escaso sentido trágico de la vida, en todo caso. He ahí una interesante ruptura con la tradición española.

Zapatero jamás ha vivido una crisis económica seria. En 1977, cuando España se hallaba al borde de la suspensión de pagos, el presidente del Gobierno sólo tenía diecisiete años. Entró en el Parlamento con veinticinco años, cuando lo peor ya había pasado y el ingreso de España en la Comunidad Económica Europea estaba plenamente garantizado. Los españoles menores de cincuenta años pueden haber pasado dificultades familiares, pero no han vivido como adultos una situación colectiva en la que, de pronto, se borran casi todos los horizontes. Pues en eso, una brusca ausencia de horizontes, consiste una crisis económica con mayúsculas. Vivir una crisis hoy en Europa no significa pasar hambre y carecer de techo o calefacción (aunque para miles de personas ese sigue siendo un riesgo o una cruel realidad). Vivir la crisis hoy en Europa es pasar los días sin expectativas de mejora. Es dejar de creer, poco a poco, en las soluciones de carácter colectivo. Sobre este punto bascula la crisis europea. Y eso es lo que ha pillado psicológicamente desprevenidos a muchos españoles que aún no habían nacido o eran muy pequeños cuando, en 1973, el encarecimiento súbito de los precios del petróleo provocó una fuerte destrucción de pequeñas, medianas y grandes industrias, tras un periodo de relativo bienestar, que prolongó la duración de la dictadura. En 1976-1977, meses después de la muerte del general Franco, la tasa de paro rozaba el 25 % y la inflación había superado el 14 %. El país entero se hallaba al borde de la suspensión de pagos. En tales condiciones —con ETA asesinando militares casi a diario— se hizo la Transición. No está de más recordárselo a la nueva generación, obligada, casi por mandato ideológico, a la revisión crítica del pasado. La transición fue imperfecta, sí. Pero evitó el drama y sentó las bases de un largo ciclo de prosperidad. Que ahora concluye. Ahora.

En aquellos tiempos, los jóvenes sufríamos una sobredosis de política e ideología, hasta extremos delirantes en algunos casos. Luego, profesionalizada la política y atemperada la ideología, vino la sobredosis de televisión y discoteca. A continuación, el exceso de juegos electrónicos. Y ahora la fiebre de Internet: el ingreso a una nueva dimensión del mundo. No hay juventud sin exageración. Con una tasa de paro ligeramente superior al 10 % y una inflación algo por encima del 4 %, el brusco frenazo de los créditos y del negocio inmobiliario ha provocado en España una sensación súbita de pánico. Leyendo la prensa, hay días en que el Apocalipsis parece cercano. ¿Un melodrama excesivo? En la crisis de los setenta, muchos padres de familia, en edad muy madura, tuvieron que reinventarse la vida. Muchos pasaron de la fábrica a la regencia de un bar, de la oficina al puesto ambulante de pipas y caramelos. Otros, a un paro crónico, apenas amortiguado por la familia.

En la actual crisis, el desempleo afecta especialmente a los inmigrantes y a los hombres jóvenes, según los datos de la Estadística de la Población Activa del segundo semestre de 2008. La crisis ha comenzado devorando el puesto de trabajo de los más débiles, para proseguir después hacia zonas más maduras y estables del mercado laboral. Pero todo es más precario y el colchón familiar ha perdido grosor. Todos estamos un poco más a la intemperie. Cabe hablar, por tanto, del «efecto Modigliani». De la relatividad de la renta. De la fuerte sensación de pérdida que puede sufrir quien de ganar 100 pasa a ganar 70, pese a que antes sólo ganase 60.

A principios de los años cincuenta, el economista italiano Franco Modigliani escribió, en colaboración con Richard Brumberg, dos ensayos sobre el ciclo vital de la renta. Ambos autores consiguieron demostrar mediante datos empíricos que los individuos tienden a regular su consumo y su ahorro en función de una perspectiva de vida. Nadie vive al día en el sentido más radical del término. Siempre hay un cálculo, una proyección sobre el futuro. En la administración de los ingresos late siempre una voluntad biográfica. Una expectativa empuja a todos, tanto al que ahorra, como al que dilapida; tanto al que quiere dejar herencia, como al que dice «después de mí, el diluvio».

El crecimiento espectacular de las hipotecas en España demuestra que Modigliani y Brumberg estaban en lo cierto. Atraídos por los bajos tipos de interés, muchos jóvenes han tomado decisiones costosas para su economía, pensando a quince y a veinte años vista. A treinta años. Si la perspectiva vital es la que regula el consumo y el ahorro, un súbito retroceso de los ingresos en una generación fuertemente endeudada tiene necesariamente un fuerte impacto psicológico y, en consecuencia, político. Nada importa que antes se viviese peor. Poco o nada interesa que hace tres décadas las cosas estuvieran fatal. Ninguna joven pareja se levanta por la mañana pensando en lo mal que lo pasó Adolfo Suárez para poder encauzar la Transición, ni en lo valiente que fue Santiago Carrillo al estampar la firma del Partido Comunista de España en los Pactos de la Moncloa, sin los cuales la aprobación de la Constitución de 1978 no hubiese sido posible. Todos vivimos amarrados al mástil de nuestra nave, a nuestro ciclo vital. No a los libros de historia.

¿Está preparado el PSOE para el efecto Modigliani? De la respuesta a esta pregunta depende la estabilidad de la actual legislatura. Y la continuidad del mapa hegemónico de la izquierda, ese mapa que reposa sobre dos pilares, Catalunya y Andalucía, tan imprescindibles como contradictorios entre sí. Una hegemonía con una debilidad de fondo, puesto que Zapatero ha ganado gracias al voto reactivo. Se calcula que el 12 % de los electores del PSOE en las últimas elecciones acudieron a votar con un único y obsesivo propósito: evitar que triunfase el Partido Popular. El PSOE ha logrado movilizar con eficacia los temores y las antipatías generados por ocho años de excesiva agresividad del aznarato. Ocho años perfectamente divisibles en dos fases.

Entre 2000 y 2004 José María Aznar quiso aprovechar la mayoría absoluta para proceder a dos cambios estructurales de extraordinario calado: aumentar el peso de España en la cadena de las relaciones internacionales, mediante una alianza privilegiada con el Gobierno de Estados Unidos, y proceder a una progresiva recentralización del país, sin desmantelar formalmente el Estado de las autonomías, operación que habría culminado con la reforma de la Constitución de 1978 y de la Ley Electoral, para reducir el peso de las minorías nacionalistas. Para llevar a cabo estos planes hacía falta un PSOE «españolizado» (José Bono perdió el congreso de 2000 por sólo nueve votos) y una adecuada tensión con los nacionalismos periféricos, que contribuyese a la configuración de una mayoría natural partidaria del «hasta aquí hemos llegado», alimentada a su vez por el fuerte sentimiento de repudio al terrorismo que emerge en septiembre de 2001 de los cascotes de las Torres Gemelas de Nueva York.

Zapatero, siempre hábil, logró interceptar esta estrategia proponiendo la firma del Pacto Antiterrorista, a la vez que daba su apoyo a la reforma del Estatut de Catalunya, calculada estratagema de los socialistas catalanes para fomentar una profunda escisión sociológica en el nacionalismo catalán (entre Esquerra Republicana y Convergència i Unió, en aquel tiempo necesitada de los votos del PP en el Parlament de Catalunya para que Jordi Pujol pudiese organizar su sucesión con ciertas garantías de éxito). Zapatero acertó. Tuvo mucha suerte, pero en la apuesta de fondo acertó.

Segunda fase. Entre 2004 y 2008 el PP se resiste a aceptar

que Aznar se ha equivocado, tensando al país y poniéndose incondicionalmente al servicio de la Administración Bush. La apertura de una comisión de investigación del 11-M en el Congreso de los Diputados (error importante del PSOE, a su vez influido por Izquierda Unida y Esquerra Republicana) hace temer a los dirigentes del PP que un juicio político se prepara en su contra; que existe un plan para liquidarles. Aznar, incuestionable líder moral del partido, lanza la orden de resistir al precio que sea. «No nos hemos equivocado, no os dejéis convencer de que nos hemos equivocado», clama en el 15.° congreso del PP celebrado en Madrid a principios de octubre de 2004. La orden de resistencia encuentra un buen aliado en la teoría conspirativa del 11-M que dos medios de comunicación —el diario *El Mundo* y la emisora Cope— lanzan al mercado para concentrar a su alrededor la mayor parte posible del público de la derecha, especialmente en Madrid y aledaños.

Astutamente, Zapatero decide alimentar esta dinámica con iniciativas que afianzan el trasvase de votos de Izquierda Unida al PSOE y bloquean todo viraje del PP hacia posiciones más moderadas. Zapatero escribe un nuevo relato para la izquierda: deja que la economía siga su curso e interviene fuertemente en la política de costumbres, buscando afanosamente el apoyo de mujeres y jóvenes. Zapatero y su equipo, pilotado en este frente por el laborioso sociólogo Juan Andrés Torres Mora, diputado por Málaga y amigo personal del presidente, dota al PSOE de un discurso que le ayuda a trascender el envejecimiento del modelo socialdemócrata en toda Europa. Genera suficiente tensión con los partidarios de la tradición (la Iglesia católica, básicamente, más un segmento importante de la intelectualidad académica) para ofrecer cierta identidad política a los jóvenes y no tan jóvenes que saben o intuyen que la precariedad no es un paréntesis. El nuevo discurso socialista dice: asumimos la fragilidad imperante y la compensamos con un nuevo catálogo de derechos (libertad de casarte con quien quieras, libre acceso a toda suerte de métodos anticonceptivos, derecho a morir sin dolor —mientras empezamos a discutir sobre el derecho a poner fin a la propia vida—, derecho a un divorcio rápido que facilite la construcción de una nueva pareja, derecho a una mayor protección en caso de maltrato; derecho, al menos sobre el papel, a una mayor promoción social en caso de ser mujer, derecho a ser ayudado por el Estado si debes atender el cuidado de un familiar). Una socialdemocracia de nuevo cuño.

El nuevo socialismo ofrece nuevos espacios de libertad individual «para toda la vida», cuando en la economía ya nada es «para toda la vida». Zapatero se comporta como un radical francés, opinan algunas personas con buen criterio, como el periodista catalán Lluís Foix. Zapatero fomenta la sociedad de la desvinculación, sostienen desde el catolicismo quienes creen que el Estado del bienestar se encamina a una fenomenal crisis en toda Europa, crisis que obligará a rescatar con urgencia el viejo papel protector de la familia tradicional. Zapatero, en definitiva, renueva la identidad política y propagandística de la izquierda, en la confianza de que el suelo no se moverá más de la cuenta. Así se llega a las elecciones de marzo de 2008, en las que el fantasma de la crisis pasa rozando el timón de cola de la aeronave socialista. Dos o tres meses después, el impacto habría sido frontal. De nuevo la suerte le sonríe.

Y el PP le ayuda. Sobre todo le ayudan quienes, desde la prensa, la radio y otras instancias, se creen en el derecho de escribir el guión del centro derecha. Con la arriesgada apuesta de desmovilizar al electorado socialista mediante una fuerte y constante erosión del clima político, el PP cree posible ganar las elecciones. El cálculo es simple, incluso un poco pedestre: movilicemos a los nuestros con ardor y hagamos creer a los del campo contrario que la política se ha convertido en algo verdaderamente asqueroso, un patio de vecindad en el que todo el mundo chilla y ya nadie sabe lo que es verdad y lo que es mentira. Gabriel Elorriaga, secretario de comunicación del PP hasta el congreso de junio de 2008, comete la imprudencia de confesarlo en plena campaña electoral a la periodista británica Leslie Crawford, corresponsal en España del diario británico *Financial Times*: «Nuestra estrategia se centra en sembrar dudas en los votantes socialistas [...], sabemos que nunca nos van a votar, pero si logramos crear suficientes dudas sobre la economía, la inmigración y los nacionalismos, quizá se queden en casa. [...] Será complicado incrementar nuestros votos. El PP tiene una imagen muy de derechas en este momento. Nuestros propios votantes se consideran más de centro que el PP, pero los votantes del PSOE son menos disciplinados que los nuestros».

La crispación del periodo 2004-2008 es una cosa de dos. El PP interpreta muy bien la letra, pero el PSOE pone la música. Interpreta la partitura «republicanista» con maestría y precisión: un día pone en jaque a la Iglesia católica dando categoría de matrimonio a las parejas homosexuales; otro día retira la estatua ecuestre de Franco ubicada frente a los Nuevos Ministerios de Madrid; otro día aprueba una ley que anula, simbólicamente, sólo simbólicamente, los consejos de guerra del franquismo; otro día abre una ambiciosa y arriesgada negociación con ETA, prescindiendo, de entrada, del acuerdo con la oposición; otro día acepta negociar un Estatuto catalán de rasgos confederales con la esperanza de pactarlo bajo mano con Convergència i Unió, el aliado con el que siempre ha soñado. Buenas jugadas para acentuar la agresividad de la derecha. Buenas jugadas con el viento económico a favor.

Esa es la clave de los cinco primeros años de Zapatero: el viento a favor; tasas de crecimiento económico superiores al

3 %. Desde la Oficina Económica de La Moncloa, su director, Miguel Sebastián, le daba plenas garantías: «Presidente, hay cuerda para rato. España puede llegar a los 60 millones de habitantes; superaremos a Italia, podemos disputarle el PIB a Francia e incluso acercarnos a Alemania». No es una fantasía. Este era el optimismo reinante en el Palacio de la Moncloa un año antes de las elecciones, cuando nadie pronosticaba los efectos devastadores de las hipotecas *subprime* en la cadena internacional del crédito. Ya saben, los famosos activos tóxicos.

Aznar soñó con convertir España en una potencia mundial media-alta; en una nueva Gran Bretaña capaz de tratar de tú a tú a alemanes y franceses (sobre todo a los franceses), bien enlazada con Washington y fortalecida en Latinoamérica. Zapatero ha soñado con convertir España en la Suecia del sur, una potencia media-media, amiga de todos y faro de una nueva civilidad política.

Ambos han chocado con lo imprevisto. Aznar con el fracaso americano en Irak y los atentados del 11-M, cuya onda emocional no supo gestionar. Zapatero con el brusco estallido de la burbuja inmobiliaria; con la triple crisis: financiera, inmobiliaria y energética. El 11-M arruinó la carrera política de Aznar. Veremos qué margen ofrece a Zapatero el crónico empeoramiento de la expectativa económica de los españoles. ¿Sobrevivirá Zapatero al «efecto Modigliani»?

Queda reafirmada, en ambos casos, la vocación quijotesca de los dirigentes políticos españoles. Aznar y Zapatero tienen una cosa en común, una cosa importante en común: han alimentado durante años el sueño de alcanzar la presidencia del Gobierno y se han creído capaces de imaginar un país de nueva planta. Se han creído capaces de cambiar el rumbo de España en el globo terráqueo.

Ante tal alarde de caballerías, la figura de Felipe González vuelve a elevarse en la perspectiva histórica, pese a que al de Sevilla también le gusta arreglar el mundo. La gran proeza de González, la más real, la más tangible, la más cierta de todas, fue arrancarle 118.000 millones de euros a la Comunidad Económica Europea en concepto de ayudas y subsidios, a cambio del apoyo de España a la reunificación alemana. 118.000 millones de euros: tres veces más que el dinero recibido después de la Segunda Guerra Mundial por los países beneficiados por el Plan Marshall.

El enorme reto de Zapatero en su segunda legislatura es administrar la sensación de «muerte súbita» del milagro económico español, sin ser atropellado por las dinámicas políticas que él mismo ha contribuido a generar. Verbigracia: el nuevo Estatut de Catalunya y la consiguiente revisión de la cuenta de pagos entre comunidades (la denominada solidaridad interterritorial); las vaporosas expectativas (nunca concretadas documentalmente) de una autonomía lindante con la independencia en el País Vasco, a cambio del cese definitivo del terrorismo, más la promesa de llevar a cabo tan ambicioso reajuste de la anatomía hispánica sin merma o dolor para el resto del cuerpo. Un cuerpo acostumbrado a quince años de buena vida.

El PSOE registró en las elecciones del 9 de marzo de 2008 una sensible merma de votos en las áreas metropolitanas de Madrid y de Valencia. Y en las municipales de mayo de 2007 flojeó en muchas ciudades de más de 50.000 habitantes. El progresivo relevo de la generación de izquierdas que protagonizó la transición, la progresiva atenuación de los grandes imperativos ideológicos, el desgaste que la inmigración produce en los antiguos barrios obreros son factores ya computados, a los que ahora habrá que sumar los efectos oxidantes de la crisis económica: la previsión de que el año 2009 pueda cerrarse con más de cuatro millones de personas en el paro. El voto anti-PP en Catalunya (posiblemente llamado a declinar o atenuarse) y las estrategias socialistas orientadas a movilizar a jóvenes y mujeres, pueden ser claramente insuficientes en los próximos años. La pérdida de cohesión amenaza seriamente la base sociológica del centroizquierda. La crisis es un torpedo que avanza, avanza por estribor.

EL GIRO IKEA (DEL 37.º CONGRESO FEDERAL DEL PSOE)

«En los congresos del PSOE siempre hay alguna sorpresa, siempre.» Hermético y con sentido de la distancia, como si lloviese lejos de Madrid, allá en Lugo, así se explicaba José Blanco, secretario de organización socialista, unos días antes del 37.º congreso federal del partido socialista. Última semana de junio de 2008 en su despacho de la madrileña calle Ferraz. Un despacho muy funcional, muy Ikea, en el que destaca una bella cerámica de Sargadelos que estiliza en azul y blanco la irónica figura de Castelao, ilustre padre del galleguismo.

A menudo menospreciado por la derecha, Pepe Blanco le ha dado la vuelta a una organización política que el año 2000, sin liderazgo, anémica y perpleja ante el empuje del Aznar centrista, iba camino de convertirse en el Partido Meridional Español, con el albaceteño José Bono al frente.

Le llaman Pepiño y le molesta. Madrid es una ciudad abierta, de ello no hay duda. Basta vivir un tiempo en la capital de España para certificarlo. Madrid es acogedor, más amable de lo que parece a primera vista, pero sus gobernantes han tenido la gran habilidad de construir estos últimos años la leyenda de la ciudad sin fronteras ni resabios interiores. En este punto, Esperanza Aguirre y Alberto Ruiz-Gallardón han discrepado muy poco. Había que edificar un mito que dotase a Madrid de una nueva potestad en el Cafarnaúm autonómico y lo han conseguido. Madrid ciudad abierta, dicen; liberal y abierta, mientras los otros sólo viven pendientes de lo suyo. La realidad es que en Madrid todavía hay clases. Clases y desdenes. A nadie se le trata de charnego, pero de pequeños los niños aprenden a llamar paleto al muchacho de ademanes un poco rústicos. A unos se les engrandece con el ceremonioso don, y a otros se les mortifica con el diminutivo aldeano. Pepiño, Pepiño, te vas a enterar.

José Blanco ha disciplinado al PSOE. Mejor dicho, a parte de él. Hay tres importantes excepciones: el PSC, por supuesto, el PSC, el dolor de cabeza que nunca cesa en la calle Ferraz; el poderoso califato andaluz, que muchas veces actúa como si el PSOE fuese suyo (y en parte lo es); y el Partit Socialista del País Valencià, que está tan en ruinas, tan en ruinas que resulta muy difícil de manejar.

Desprovisto de las ínfulas culturales de Alfonso Guerra y perteneciente a una generación en la que el narcisismo no ha tenido tantas oportunidades, Blanco ha basado su éxito en la perfecta sintonía con el jefe. Quizá sea este el secreto de la metálica cohesión del actual grupo dirigente socialista: toda la nueva escuadra sabe lo que vale un peine. Saben que estuvieron a un paso de devenir, por años y años, la fuerza subalterna del bipartidismo español. El Partido Pepiño. «El socialismo era un cuerpo robusto de siete cabezas; de profesor, de periodista, de obrero madrileño, de todo menos de hombres con visión clara de conjunto», escribió Julio Caro Baroja a propósito del PSOE republicano, donde la pugna entre las individualidades fue siempre muy fuerte: Prieto, Largo Caballero, Besteiro, Negrín...

El PSOE actual no tiene tantas cabezas —profesores, periodistas y obreros han cedido el paso de manera irreversible a los profesionales de la política—, pero cierta visión de conjunto sí que la tiene. Una cierta idea de España sí que se *constató en su 37.º congreso. Una visión Ikea de España. No es un símil despectivo. La multinacional sueca de muebles y objetos del hogar se ha convertido en un referente de la Europa contemporánea. Ikea es un gran fenómeno cultural: oferta variada, diseños agradables, precios asequibles y móntatelo tú mismo.*

Digan lo que digan los más atormentados articulistas de la derecha madrileña, instalados en una visión agónica de España (unos sinceramente y otros por pura desfachatez), el PSOE no ha virado a la izquierda. Ha dado un giro Ikea: mayor variedad en la oferta de optimismo (a pesar de la magnitud de la crisis), precios muy asequibles (ninguna de sus propuestas en materia de costumbres cuesta un duro); diseño vistoso (pellizcos a la Iglesia, a ver si el cardenal Rouco Varela salta y no se desprende de Federico Jiménez Losantos en la Cope; un poco más de feminismo, un poco más de todo lo que suena a radicalidad, incluida la rehabilitación de Juan Negrín, un nombre sólido para tiempos líquidos). Y móntatelo tú mismo.

5

DON MARIANO RAJOY EN TIEMPOS DE OBAMA

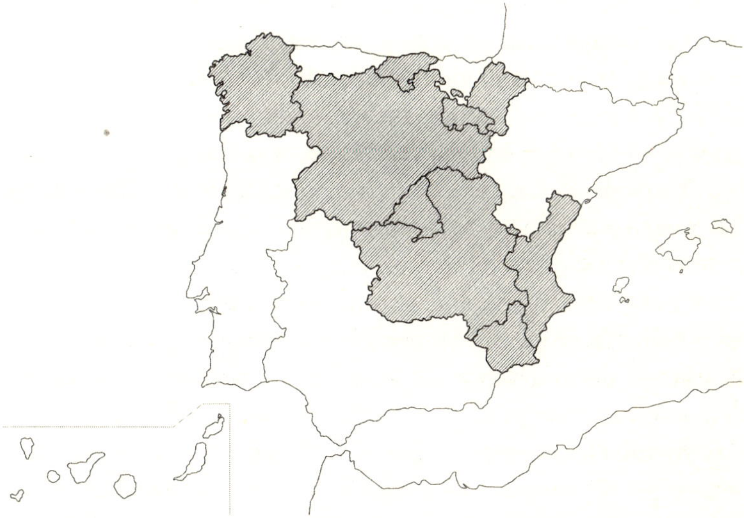

«No olvidemos nunca las idioteces que ha hecho George Bush.»

PAUL A. SAMUELSON,
Premio Nobel de Economía en 1970

Mariano Rajoy tenía un cuaderno para enseñar a las visitas. Una de esas libretas grandes, con tapas de plástico transparente, tan frecuentes en empresas y oficinas. El cuaderno de Rajoy contenía un resumen de los sondeos del Centro de Investigaciones Sociológicas entre los años 2000 y 2004, con unas gráficas en azul y rojo que mostraban la evolución del Partido Popular y del PSOE durante la segunda legislatura de José María

Aznar. Rajoy llegó a alimentar una verdadera obsesión por aquel cuaderno, de manera que lo mostraba a todos sus interlocutores. «Fíjese —decía—, siempre hemos ido por delante, excepto en dos momentos, durante las grandes manifestaciones contra la guerra de Irak y tras los atentados del 11 de marzo.»

Efectivamente, sólo en dos ocasiones la línea azul quedaba por debajo de la línea roja. «Íbamos bien, pero...», venía a decir Rajoy, con su galaico sentido de la distancia. Sólo le faltaba añadir «¡Maldita guerra!», como le dijo personalmente a Aznar la misma noche de la debacle electoral del 14 de marzo de 2004: «Tú y tu maldita guerra». Las noches electorales suelen ser algo dramáticas en la calle Génova, como veremos más adelante.

Desde 1996 el mapa electoral no es adverso al PP. No lo es a primera vista. Ni tampoco lo es después de una segunda o tercera lectura, yendo un poco más a fondo, examinando los resultados en pueblos y ciudades. No es el PP un partido encerrado en el centro de España. No es un partido estrictamente de la Meseta, ni exclusivamente «nacional-castellano», aunque buena parte de sus dirigentes y de sus patrones ideológicos responden a una mentalidad castellanizante, tuneada y madurada en los vericuetos de la política madrileña. Los dominios electorales del Partido Popular van del Atlántico al Mediterráneo. De Galicia, donde sigue siendo el partido más votado, a la Comunidad Valenciana, donde ha conquistado un dominio casi apabullante. Tan fuerte e intensa es su hegemonía en Levante que el arraigo del centroderecha en Valencia posiblemente determinará la evolución del partido en los próximos años. El actual alejamiento del aznarismo pasa por Valencia. Dicho de otro modo, Madrid no lo es todo en España, pese a la obstinación de algunos dirigentes políticos en querer verlo así. Madrid no lo es todo, ni siquiera en el interior de la derecha española.

Rajoy pasó cuatro años aferrado a la línea azul que sólo en dos momentos era sobrepasada por la línea roja, pero poco o nada hizo para alejarse de la estrategia de tensión que la evolución del gráfico desaconsejaba seguir. La libreta de tapas de plástico transparente decía una cosa muy clara: en los momentos de alto voltaje, la derecha tiende a asustar a mucha gente en España. En los momentos de mayor excitación es fácil que cristalice una coalición anti-Partido Popular.

¿Si tan fácil era leer el gráfico, por qué Rajoy no reorientó la línea del partido desde un primer momento? Porque no pudo. Porque no le habrían dejado. Y porque no está del todo claro que este fuera su principal propósito entre 2004 y 2008. Rajoy heredó un partido consternado por la derrota; un partido liderado moral y tácticamente por José María Aznar, controlado ideológicamente por este a través de la Fundación para el Análisis y los Estudios Sociales (FAES); un partido atado de pies y manos a determinados medios de comunicación de Madrid; un partido del que muchos migraron en busca de mejores puestos en la empresa privada o en el Parlamento Europeo, nada más producirse el brusco aterrizaje en la oposición. «En la calle Génova nos quedamos pocos, nos quedamos los que nos quedamos», explicaba Rajoy con su peculiar sorna en el verano de 2007, cuando la suerte ya parecía echada: volvería a perder las elecciones, pero iba a luchar para perder dignamente. Y lo consiguió.

Muy contusionado psicológicamente por el desastre de marzo de 2004, Aznar quería salvar a toda costa su legado político y, sobre todo, su reputación. Cualquier atisbo de autocrítica podía enterrarle en vida y reducir drásticamente sus expectativas profesionales en los circuitos colindantes con la política. Un hombre totalmente derrotado nada podría hacer en los despachos de Estados Unidos. «En algo nos habremos equivocado», dijo Alberto Ruiz-Gallardón en la apertura del 15.º congreso del partido (días 1, 2 y 3 de octubre de 2004, en Madrid). «No nos hemos equivocado; no dejéis convenceros de que nos hemos equivocado porque esa sería nuestra derrota», le respondió vigorosamente Aznar en la sesión de clausura. Aznar quería salvar su obra y, sobre todo, su prestigio como dirigente. Si el partido le abandonaba o se distanciaba de él por el camino de la autocrítica, podía desvanecerse la intensa carrera profesional que había proyectado (conferencias, asesoramientos y contactos de alto nivel con los círculos del poder republicano en Estados Unidos) cuando decidió renunciar, gallardamente, a un tercer mandato. Acosado por la izquierda, Aznar no podía ser un político estigmatizado por los suyos. Se jugaba la biografía y las expectativas profesionales. Por consiguiente, dibujó y subrayó con energía los límites que Rajoy no debería traspasar. Y a Aznar nunca le falta energía.

Eduardo Zaplana no lo enfocó de manera muy distinta. Tampoco él quería ser enterrado en vida. Forjado en Benidorm, bregado en los más espesos enredos de la política valenciana, político de extraordinaria habilidad, ideó una apuesta a todo o nada: impedir el asentamiento de Zapatero, bloquear la maduración de un nuevo ciclo político en España; fijar en la sociedad la idea de que el regreso de los socialistas al poder político era un mero paréntesis, un accidente de la historia... y el fruto de una perversa conspiración. Zaplana integró la estrategia parlamentaria del Partido Popular en la planificación comercial de dos medios de comunicación fuertemente radicados en Madrid: el diario *El Mundo* y la cadena católica Cope, dispuestos a jugar fuerte, muy fuerte, para convertirse en los más exclusivos órganos de referencia de la oposición. Estamos hablando de un público potencial de más de diez millones de personas en toda España. Zaplana consiguió unificar la agenda parlamentaria del PP con las prioridades de ambos medios, hasta formar, los tres, un circuito perfectamente integrado. Las iniciativas parlamentarias del PP dibujaban la prioridad informativa del singular «holding» y a su vez las informaciones y «revelaciones» de ambos medios marcaban la pauta del PP en el Congreso de los Diputados. Una alianza de nuevo tipo. Así se pautó, por ejemplo, la agresiva campaña contra el nuevo Estatut de Catalunya, que concluyó con un llamamiento al boicot a los productos comerciales catalanes. «Yo no he sido», decía el PP. «Yo no he sido», decía *El Mundo* (y publicaba en sus páginas dominicales el elenco de los principales productos catalanes susceptibles de ser boicoteados). «Yo sí he sido», decía la Cope. La emisora episcopal, colonizada por el radiofonista Federico Jiménez Losantos, era el vector más agresivo, hasta que... Hasta que cuatro años después, el episcopado comenzó a inquietarse seriamente por los efectos negativos de tanta agresividad en la imagen de la Iglesia católica en España. El Papa estaba preocupado y así se lo hizo saber en Roma al renovado comité ejecutivo de la Conferencia Episcopal Española a finales del mes de abril de 2008. Habían transcurrido cuatro años de tremenda excitación.

En todos los países la política suele fabricar episodios pintorescos, cuando no grotescos, pero el que acabamos de narrar tiene mimbres que hubiesen gustado a Ramón María del Valle-Inclán, el dramaturgo que retrató el Madrid de principios de siglo XX con la técnica del esperpento, el famoso espejo cóncavo del callejón del Gato. Dice Max Estrella en *Luces de Bohemia*: «El sentido trágico de la vida española sólo puede darse con una estética sistemáticamente deformada. España es una deformación grotesca de la civilización europea».

Ahí tenemos a tres caballeros españoles perfectamente ajenos al catolicismo y a sus doctrinas —Eduardo Zaplana, forjado en las bregas insomnes de Benidorm, el periodista Pedro J. Ramírez, excepcional en el arte de la emboscada, y el radiofonista Federico Jiménez Losantos, antiguo extremista de izquierda y furioso como el cierzo de Teruel—, convertidos en la tríada atacante del Partido Conservador, bajo el manto de la Iglesia Católica, Apostólica y Romana. Para estar a la altura de Valle-Inclán, sólo les faltaba la cooperación de sor Patrocinio, «la monja de las llagas», que tanto influyó en el reinado de Isabel II y tan bien retrató Valle en *La corte de los milagros*.

¿Y Rajoy? Rajoy consentía, porque no le quedaba otro remedio. Y porque compartía, al menos en una primera fase, la partitura del terceto: zarandear, zarandear y zarandear. Tensar la opinión pública para que Zapatero no cuajase como gobernante. Casi lo consiguieron. Puede incluso que lo hayan conseguido. Lo veremos estos próximos años, en pleno temporal económico.

Era una estrategia inteligente, en los dos frentes, el político y el periodístico, o mediático, como se dice ahora para indicar las nuevas reverberaciones de la información en los dominios del poder. El tridente forzaba a los demás medios de comunicación ubicados en el ámbito del centroderecha a un gregarismo casi inevitable. Al *ABC*, el diario más tradicional y genuino del conservadurismo español, no le quedaba más remedio que seguir la pauta de sus competidores o intentar la construcción de una agenda informativa propia, sin el concurso de la dirección del PP. Dos directores del diario, Ignacio Camacho y José Antonio Zarzalejos, lo intentaron y ambos sufrieron por ello. La Cope, con el aparente beneplácito del cardenal Antonio María Rouco Varela, a la sazón presidente de la Conferencia Episcopal Española, llegó al extremo de pedir públicamente a los suscriptores del *ABC* que se diesen de baja del diario, publicitando para ello el número de teléfono del departamento de suscriptores. Valle-Inclán habría observado el episodio con verdadero interés. Dice don Fliberto, director del diario *El Popular*, dirigiéndose a Max Estrella y don Latino de Hispalis en *Luces de Bohemia*, siempre *Luces de Bohemia*: «El Congreso es una gran redacción, y cada redacción un pequeño congreso. El periodismo es travesura, lo mismo que la política. Son el mismo círculo en diferente espacio. Teosóficamente podría explicárselo a ustedes si estuviesen ustedes iniciados en la noble Doctrina del Karma».

Política y periodismo son travesuras. La denominada crispación política —en última instancia beneficiosa para el PSOE, como se demostraría en las elecciones del 9 de marzo de 2008— fue una estrategia política perfectamente calculada, pero también resultó ser una eficaz estratagema comercial. Fue una travesura conjunta del periodismo y la política. Conviene no olvidar este dato. Conviene retenerlo porque descubre aspectos verdaderamente interesantes de la anatomía española; de algunos círculos de poder madrileños, para ser más precisos. Tensar el ambiente, asustar a la opinión pública con el fantasma de la «balcanización», esto es, con el espectro de la Guerra Civil, no sólo fue una eficaz táctica política, una puesta en escena necesaria para evitar la dispersión del electorado de centroderecha. También fue una buena campaña comercial. Se trataba de crear un público. Y los públicos siempre exigen emociones fuertes. «Política y periodismo son el mismo círculo en diferentes espacios.»

Fue una estrategia política inteligente, aunque repugnante en algunas de sus manifestaciones más extremas. Y no puede negarse que consiguió el primero y principal de sus objetivos: evitar que Rodríguez Zapatero abriese un surco profundo en la sociedad española, que el PSOE volviese a aparecer como la «mayoría natural» de Gobierno, al menos con la misma intensidad con que lo logró Felipe González en los años ochenta.

Fue, también, la aplicación en España de la fórmula de éxito del Partido Republicano de Estados Unidos: agrupar los distintos segmentos del electorado con discursos de alto voltaje emocional; extremar la percepción de los peligros (el terrorismo en Estados Unidos; el terrorismo de ETA y la desintegración territorial, en el caso español), polarizar al máximo las opiniones hasta generar un ruido ensordecedor capaz de disuadir a los sectores sociales menos informados y más sensibles a todos los viejos prejuicios antipolíticos: «todos son iguales», «la política no sirve para nada»... No olvidemos que en España la antipolítica siempre ha tenido un fuerte arraigo popular.

Zarandeo, zarandeo, zarandeo. No es sólo una estrategia política. También aquí debemos tener en cuenta las importantes transformaciones materiales que las nuevas tecnologías de la información han introducido en los medios de comunicación convencionales. El tono de la voz ha subido en todas partes. Hay que hablar fuerte para hacerse oír. La consagración de Internet, especialmente entre las nuevas generaciones, ha fragmentado de tal forma las audiencias que todo el mundo se ve obligado a hablar más alto, a extremar posiciones y perfiles para llamar la atención.

Alto y claro. Alto y claro, es la consigna más moderada en el nuevo universo de los medios. Valga como ilustración una pequeña anécdota catalana. Una banal anécdota del verano de 2008. El programa estival de la cadena pública TV3 tuvo como principal mordiente la ruta de dos nudistas en bicicleta por los pueblos de la costa. Un hombre y una mujer jóvenes y atractivos llamaban la atención de los veraneantes... y de los televidentes. En TV3, la televisión que Jordi Pujol impulsó en 1983 con voluntad ejemplarizante, con el sello casi calvinista de la BBC británica: rigor, seriedad, reflexión, elegancia y catalanismo mesocrático. Han pasado veinticinco años y el mundo es muy otro. Ahora hay que llamar la atención como sea. Toda identidad reclama hoy una voz fuerte, algún tipo de estridencia. Como mínimo.

En TV3 (la «Corpo», Corporació Catalana de Mitjans de Comunicació, verdadero «poder dentro del poder» en la política catalana) quizá podrían sentirse ofendidos si sus ingenuas escaramuzas de verano fuesen equiparadas a las estrategias de *Madrit*, pero lo cierto es que ambos acontecimientos, la banal anécdota televisiva y la apuesta estratégica del primer partido de la oposición en el periodo 2000-2004, forman parte de un mismo universo. El universo en el que hay que llamar la atención como sea. En la sociedad de audiencias fragmentadas, en la modernidad líquida de Zygmunt Bauman (sociólogo polaco), en la era de la espuma de Peter Sloterdijk (filósofo alemán), en la sociedad del espectáculo de la que en 1967 ya hablaba el situacionista francés Guy Debord, los esfuerzos para conseguir la atención del público se han convertido en una actividad casi deportiva, agonística, cuando no agónica, así en el periodismo como en la política, el comercio y todas las disciplinas del entretenimiento. Todo fluye y no hay más remedio que pegar brincos, como los salmones que avanzan río arriba.

Lo repito: la estrategia de la tensión del PP ha sido efectiva. Ha impedido en todo momento que Zapatero abriese un surco profundo en la sociedad española, como ha quedado de manifiesto al estallar la crisis económica, la crisis que el presidente se negó a llamar por su nombre durante varias semanas, creyendo —vana ilusión— que la Presidencia del Gobierno aún conserva una potestad decisiva sobre el lenguaje. Fatal ilusión. Sin desearlo, Zapatero ponía a prueba los límites de su autoridad política; mostraba la relativa profundidad del surco abierto durante sus primeros cuatro años de mandato: una hendidura, no una trinchera difícil de sortear. Lo veremos en los próximos tiempos, si la crisis no remite.

Los datos están ahí. El PSOE triunfó en marzo de 2004 y de 2008 gracias al voto de quienes, por encima de todo, deseaban que no ganase el PP, especialmente en Catalunya y el País Vasco. Los estudios poselectorales del PSOE señalan que un 12 % de sus votantes acudió a las urnas motivado por el exclusivo deseo de evitar la victoria de la derecha. Los mismos estudios indican que un 13 % de los electores del PP se dirigió a las urnas con idéntico propósito, en sentido contrario. He ahí el fruto de la dialéctica de la crispación: buena parte del electorado de los dos grandes partidos se ha movilizado en los últimos años única y exclusivamente para evitar la victoria de la parte contraria.

La estrategia ha sido inteligente por parte del PP y beneficiosa, en términos inmediatos, para el PSOE. Puede parecer contradictorio, pero no lo es. No lo es. La derecha corría el riesgo de la dispersión y el ablandamiento; de la decepción y del fatalismo, puesto que en treinta años de democracia sólo ha gobernado durante ocho, sólo dos de las once legislaturas. (Los cinco años de la Unión de Centro Democrático se deberían considerar como capítulo aparte.) Corría el riesgo, el Partido Popular, de ahondar en el complejo de inferioridad que atenaza al segmento más inquieto y agresivo de su vasta base social. ¡Cuidado con la minusvalía!, ese fue el grito de alerta que lanzó Aznar en el 16.º congreso de Valencia. Pero la receta de Aznar siempre es la misma: el choque del carnero. Contra la hegemonía ideológico-moral de la izquierda; contra el «relativismo»; contra el pactismo; contra el centrismo; contra el ecologismo... Contra casi todo.

Será interesante ver cómo Aznar y la FAES se adecuan a las nuevas derivas del American Enterprise Institute (principal laboratorio de ideas conservador de Estados Unidos), en pleno declive de la ola republicana. El nexo PP-American Enterprise Institute está muerto o profundamente agotado, pero Aznar sigue siendo el surco profundo de la derecha española.

La agudización de la dialéctica política hasta el límite del insulto —hasta traspasar el límite del insulto— ha encontrado una tierra abonada en España. Lo nuevo y lo viejo se han dado la mano. Así se dirigía Quevedo a su rival Góngora en el siglo XVII, un tiempo que fue, dicen, de Oro:

> Yo te untaré mis obras con tocino / Porque no me las muerdas, Gongorilla, / Perro de los ingenios de Castilla, / Docto en pullas, cual mozo de camino. / Apenas hombre, sacerdote indino, / Que aprendiste sin christus la cartilla; / Chocarrero de Córdoba y Sevilla, / Y en la Corte, bufón a lo divino. / ¿Por qué censuras tú la lengua griega / siendo sólo rabí de la judía, / cosa que tu nariz aun no lo niega? / No escribas versos más, por vida mía; / Aunque aquesto de escribas se te pega / Por tener de sayón la rebeldía.

Quevedo hubiese triunfado en las tertulias radiofónicas de la España del aznarato y en las del primer zapaterismo. Quevedo tendría un espacio fijo en *La Mañana* de la Cope. Góngora, más sutil, le respondió así:

> Anacreonte español, no hay quien os tope / Que no diga con mucha cortesía, / Que ya que vuestros pies son de elegía, / Que vuestras suavidades son de arrope. / ¿No imitaréis al terenciano Lope, / Que al de Belerofonte cada día / Sobre zuecos de cómica poesía / Se calza espuelas, y le da un galope? / Con cuidado especial vuestros antojos / Dicen que quieren traducir al griego, / No habiéndolo mirado vuestros ojos. / Prestádselos un rato a mi ojo ciego, / Porque a luz saque ciertos versos flojos, / Y entenderéis cualquier gregüesco luego.

Góngora lo tendría un poco más complicado en las ondas. Debería conformarse con aparecer en un programa de libros de La 2, a altas horas de la madrugada.

El conceptismo agresivo, sin embargo, va un poco de baja desde el verano de 2008. Tras intensa y fértil polémica interna, el Partido Popular decidió virar al centro en su congreso de Valencia, con el consiguiente desarme dialéctico. Desarme que a su vez coincide con la nueva ola proveniente de Estados Unidos. La elección de Barack Obama como presidente de Estados Unidos ha puesto de manifiesto el agotamiento de las estrategias de polarización y choque continuo en un momento de triple crisis: financiera, energética y moral. Estados Unidos, o al menos una importante mayoría de sus electores, se ha sentido atraído por el discurso de consenso de Obama. Estamos ante el «neoconsenso», podríamos decir por emplear un neologismo muy adecuado a la fluidez de los tiempos. Tras el desastre de Irak, la vieja guardia neoconservadora está cediendo el paso a pensadores más jóvenes, alejados del ultraliberalismo y de la denominada «agenda cristiana»; más interesados en el problema de las fuentes energéticas y en una nueva consideración del concepto mismo de bienestar material. A los novísimos pensadores del conservadurismo norteamericano les sorprende que los mexicanos, más pobres y más desatendidos que los norteamericanos, se sientan más felices.

Nuevos tiempos en el American Enterprise Institute y nuevos tiempos, también, en el Partido Popular español, donde las apuestas por el moderantismo ganaron algunos enteros en el 16.º congreso de Valencia.

El cambio de orientación es importante, pero no es fruto de una renovación a fondo del pensamiento de la derecha española, anclada todavía en muchas de las coordenadas que llevaron a Aznar a apoyar incondicionalmente la aventura de Bush, hijo, en Oriente Medio. La reorientación táctica del PP es fruto de un orgullo herido y de una lectura muy profesional de los resultados electorales del 9 de marzo.

En primer lugar, es consecuencia de la obstinación personal de Mariano Rajoy en no ser humillado por quienes ya le daban por amortizado antes de las elecciones de marzo de 2008. La noche del 9 de marzo todo, o casi todo, estaba preparado para el segundo «motín de Aranjuez». Confirmada la derrota electoral que la gran mayoría de las encuestas pronosticaban, Esperanza Aguirre debía salir aquella noche al balcón de la sede del PP en la calle Génova muy a la vera de Rajoy, del derrotado Rajoy. En la calle, una multitud suficiente como para llenar el encuadre de las cámaras de televisión, lanzaría vítores a su favor. La calle, llena de militantes del PP madrileño, la aclamaría como nueva «lideresa» de la derecha española.

Aguirre, decíamos, sería aclamada bajo el balcón de Génova y, al día siguiente, el dueto *El Mundo*-Cope se lanzaría al ataque con peticiones de inmediato relevo de Rajoy. Así estaba pensado; así estaba ideado; así estaba pronosticado. Estaba tan bien planificado que un importante príncipe de la Iglesia, monseñor Antonio María Rouco Varela, cometería la temeridad de dar por descontada la caída de Rajoy, de su paisano Rajoy. (El líder del PP nació en Santiago y se formó en Pontevedra; Rouco Varela es hijo de Villalba, también pueblo natal de Manuel Fraga, en la provincia de Lugo.)

En previsión de lo que le podía venir encima, poco después de los comicios, Rajoy invitó a cenar al cardenal Rouco, arzobispo de Madrid, presidente de la Conferencia Episcopal Española y amigo personal del papa Joseph Ratzinger. La cena tuvo lugar en casa de la periodista Cristina López Schligting, presentadora del programa de las tardes de la Cope, muy próxima al movimiento Comunión y Liberación, propagandista católica poco proclive a los apaños, pero no siempre entusiasta de los furores matinales de Jiménez Losantos. Rajoy pidió neutralidad a la Iglesia católica en el debate interno que iba a abrirse en el PP y de manera especial la no injerencia de la cadena Cope en el proceso congresual que se avecinaba. La cena acabó mal. Monseñor Rouco Varela se lavó las manos. Apostó por la caída de su paisano. Movió ficha a favor de Esperanza Aguirre.

Avisado de la maniobra del balcón, Rajoy tomó sus precauciones. La tarde del 9 de marzo, en los despachos de la calle Génova el aire se podía cortar con un cuchillo, cuentan quienes estuvieron en la sede central del PP al anochecer. Conocidos los resultados electorales —una derrota clara, pero con más votos que en los comicios de 2004, es decir, una derrota con saldo positivo—, Rajoy dispuso quiénes debían acompañarle. A su vera, su esposa Elvira Rodríguez, formando ambos una imagen poco habitual en el cuartel general de los populares. Una mirada infinitamente triste la de Elvira Rodríguez aquella noche, porque sabía lo que a ambos se les venía encima.

El motín había fracasado, pero la presión sería muy fuerte en los meses siguientes. Rajoy la está resistiendo. En junio de 2008 nadie en Madrid apostaba medio euro por él. En España sólo un diario defendió abiertamente su continuidad al frente del primer partido de la oposición, como acto de afirmación de la necesaria autonomía de la política. «No se vaya, señor Rajoy», titulaba el principal editorial de *La Vanguardia* del 17 de mayo. «No se ha ido y ha ganado, señor Rajoy», rezaba el editorial del 22 de julio. Medio año después, duramente castigado el Gobierno por la crisis económica, el PP maduraba como alternativa. Parecían cumplirse los pronósticos de Pedro Arriola, el gurú sociológico de los populares: mejorar la percepción del partido entre los jóvenes y las mujeres, relajar el discurso antinacionalista en Catalunya y el País Vasco y esperar a que la crisis económica cueza a Rodríguez Zapatero a fuego lento. Pero algunas cosas siguen fallando en el engranaje del centroderecha español. Algunos de sus dispositivos básicos tienen problemas de conexión con el fondo social realmente existente. ¿Sabrá desenvolverse don Mariano Rajoy Brey, tranquilo conservador de Pontevedra, en la era de Barack Obama? ¿Sigue siendo válida la fórmula de un único partido de la derecha y el centro para conquistar la mayoría social en España? ¿No habrá caducado el modelo Aznar, de la misma manera que ha caducado el modelo republicano *neocon*?

El viento sopla a favor del Partido Popular. O al menos eso parece. Las señales de erosión de la izquierda comienzan a ser visibles en las grandes áreas metropolitanas españolas (especialmente en Madrid y Valencia) y juegan a favor de la configuración de un mercado electoral «posideológico» en el que, según el sociólogo Juan Ignacio Wert, los viejos relatos declinan y abren nuevos espacios para la competición política. La virulencia de la crisis económica, sin embargo, puede alterar estas previsiones. Un alto oleaje social amenaza las cuadernas del PSOE, sí, pero también puede arrastrar al PP hacia los arrecifes de una nueva hostilidad a la derecha, si en todo Occidente se impone un discurso reformista e incluso intervencionista en la economía. El Partido Popular deberá prestar mucha atención al norte, a lo que ocurre más allá de nuestra principal frontera, para adaptarse a las nuevas corrientes y contradicciones que la crisis traerá consigo. Y deberá navegar con templanza rumbo noreste, para que en Catalunya no se repita la gran coagulación anti-PP del 9 de marzo de 2008. La tentación de ganar a costa de los viejos prejuicios anticatalanes ha perdido intensidad, pero todavía figura en algunas cartas de navegación de la derecha política. Y la crisis excitará la pulsión antiautonomista de una intelectualidad muy radicada en Madrid —y el País Vasco— que cree haber redescubierto el estado nacional como sinónimo de libertad. La brújula del PP marca norte-noreste, pero la aguja vacila: al magnetismo le falta intensidad.

EL TODO CONTRA EL UNO (DEL 16.º CONGRESO NACIONAL DEL PARTIDO POPULAR)

Hay en el debate del Partido Popular el síntoma de una discusión filosófica. Sobre la figura del Adversario. Acerca de los Adversarios: socialistas y nacionalistas, estos últimos siempre provisorios —hoy en la otra orilla, ayer aliados simpáticos y preferentes, mañana ya veremos.

Hay (o había) en el PP una duda existencial sobre la conveniencia de aproximarse al campamento de los Otros o, por el contrario, combatirles de frente, con cera en los oídos para no sucumbir al cántico de las sirenas izquierdistas y periféricas.

En el Congreso de Valencia (20, 21 y 22 de junio de 2008) quedó perfectamente claro que dos escuelas pugnan, casi como en la Grecia clásica, en el interior de ese gran contenedor que en las elecciones del 9 de marzo logró captar el voto de más de diez millones de españoles. Dos ramas metafísicas conviven en el número 13 de la calle Génova de Madrid, junto con las ambiciones, marrullerías y navajazos que suelen habitar, sin excepción, todos los rellanos de la política (y de las empresas, y de los clubs, y de las familias, si mucho lo apuramos, y de todos los recintos humanos donde el poder adquiere forma).

Dos almas hay en Génova. La escuela taoísta, que desde los albores del Celeste Imperio concibe el mundo como la unidad dialéctica de los contrarios. Y la corriente místico-castellana, de más reciente aparición histórica, que vive la existencia como un deseo infinito de plenitud y unicidad. El Todo oriental frente al Uno occidental. A Mariano Rajoy se le está poniendo cara de chino mandarín. Rajoy está abrazando el taoísmo, que no es una fe, sino una manera de estar en el mundo. «Uno cobra mucha más fuerza cuando se sabe decir sí», dijo el de Pontevedra desde el atril, en el congreso valenciano. Y parecía estar leyendo el Tao Te Ching, *el libro del sabio Lao Tsé, bajo un naranjo: «Las cualidades de flexibilidad y suavidad son habitualmente superiores a las de rigidez y fuerza». Para un gallego no es muy difícil ser taoísta. Hay en el espíritu atlántico, quizá por influjo de los antiguos celtas, una notable predisposición a entender que el Todo siempre está en movimiento; que una cosa es una cosa y a la vez puede ser su contrario. Uno de los más recurrentes* símbolos de la mitología celta es la espiral. Y es sabido que los gallegos suben y bajan las escaleras en un mismo movimiento. Dijo el druida Rajoy, levantando las manos en la Fira de Valencia: «No basta con tener razón, es necesario que nos la den».

Unas horas antes había hablado el Caballero de la Mano en el Pecho. Fiel a la mística castellana, tomó posición Aznar contra esa brumosa doctrina de Finisterre donde nada es exactamente lo que parece: «Nunca he comprendido y sigo sin comprender esa idea del centro como el final imposible de un viaje interminable». Así hablaba Aznar. Así hablaba san Juan de la Cruz: «Él moraba en el principio y principio no tenía».

Lucha filosófica, sí. Pero en el PP, efectivamente, nada es lo que parece. Rajoy no es el Buda reencarnado, sino un señor de Pontevedra que, en un momento dado, cuando el Madrid oligárquico ha querido humillarlo, se ha trincado a todos sus adversarios, uno a uno, con la frialdad de Clint Eastwood en la película Sin perdón. (Esperanza Aguirre era en el congreso un aguafuerte de Goya: una maja derrengada.) Rajoy demostró en Valencia que es un buen profesional de la política.

Y Aznar, melena al viento, camisa abierta y abundante colección de pulseras, aquellos días recién salido de la portada del ¡Hola! en la boda del millonario italiano Briatore, no es un místico, sino un personaje de Quevedo: «La Liga, de furor y astucia armada, / vuestro imperio procura se trabuque; / el daño es pronto, y el remedio tardo».

¿Dos maneras de entender el mundo? Más bien, dos maneras de habitarlo. En Génova, 13.

6

EL CENTRO CON EL SUR

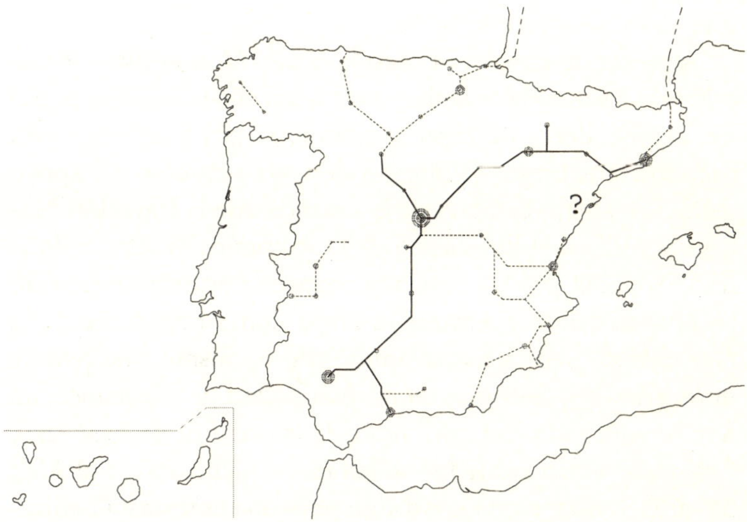

> *«E allora / io quasi quasi prendo il treno / e vengo, vengo da te, / ma il treno dei desideri, dei miei pensieri all'incontrario va.»*
>
> PAOLO CONTE, *Azzurro*

Abre este capítulo un mapa ferroviario. Un mapa político, puesto que desde los lejanos tiempos de la máquina de vapor y de la colonización del Far West, el ferrocarril siempre ha transportado intereses políticos. Grandes intereses políticos. El mapa que abre este capítulo nos muestra la actual red ferroviaria de alta velocidad y —en puntos suspensivos— los tramos de la misma que se hallan en proyecto. Un mapa fechado el 31 de diciembre de 2007, a pocas horas de finalizar el año, cuando faltaban exactamente sesenta y ocho días para las elecciones generales. Es un mapa que resume uno de los rasgos más significativos de la política española en los últimos veinte años. Es un mapa que nos muestra Madrid como el gran «ferropuerto» de España. Un mapa que nos dice que la alianza más profunda que existe en España es la que une el Centro con el Sur.

A finales de 2007 el ex presidente de la Generalitat de Catalunya, Pasqual Maragall, reveló que Felipe González le había prometido la máxima colaboración del Gobierno para organizar los Juegos Olímpicos de 1992 a cambio del apoyo de los socialistas catalanes a la prioridad de la conexión Madrid-Sevilla en el despliegue de la denominada Alta Velocidad Española (AVE). Pese a la tremenda erosión que sufrió su imagen pública durante la etapa como presidente de la Generalitat, pese a haber anunciado él mismo que padece unos primeros síntomas de la enfermedad de Alzheimer, no hay ningún motivo para dudar de la palabra de Maragall. Con toda seguridad le fue solicitado el pleno apoyo al AVE Madrid-Sevilla, como condición para una entusiasta dedicación del Estado a los Juegos Olímpicos de 1992. O mejor dicho, a cambio del apoyo gubernamental a la concepción maragalliana de los Juegos: argumento y excusa para una sustantiva renovación urbanística de Barcelona.

Lo cierto es que no hubo en los años noventa en Catalunya grandes movimientos de opinión contra la prioridad del enlace Madrid-Sevilla, defendida con ahínco por el entonces ministro de Obras Públicas, Josep Borrell. A Maragall le interesaba amarrar el pleno apoyo del Gobierno González al proyecto Barcelona'92 —que a la postre sería su rampa de lanzamiento como candidato socialista a la presidencia de la Generalitat—. Y a Jordi Pujol le convenía restablecer puentes con el sevillano González, después de las graves tormentas de los años ochenta a propósito de Banca

Catalana. Pujol intuía que el PSOE iba camino de perder la mayoría absoluta y adivinaba para Convergència i Unió una fase de protagonismo interesante en la política española, un protagonismo que, a su vez, le iba a proteger de la acometida de Maragall.

La complejidad de la política catalana, su constante modulación en función del cuadro general español no es cosa de los últimos cuatro días, ni de los últimos cuatro años. No, nadie levantó mucho la voz en Catalunya por el hecho de que el AVE llegase antes a Sevilla que a Barcelona. Es más, una parte importante de la población catalana posiblemente aplaudía o aceptaba de buen grado tal opción. No es ningún misterio. Catalunya conserva, todavía hoy, unos estrechos vínculos sentimentales con Andalucía, puesto que una parte importante de la población catalana tiene sus ancestros en el sur de España. Y entre los catalanes de origen, el discurso de la igualdad, el discurso de que Andalucía tenía derecho a la prioridad y a ser simbólicamente recompensada por los sufrimientos sociales acumulados, tenía en aquellos momentos una buena aceptación, por la fuerte influencia ideológica de la izquierda en Catalunya, evidentemente, y por el sesgo religioso de aquella sociedad: Catalunya, patria del catolicismo difuso.

De manera que los Juegos Olímpicos de Barcelona fueron férreamente «escoltados» por la Exposición Universal de Sevilla, por la capitalidad europea de la cultura en Madrid y por la puesta en marcha de la primera línea de ferrocarril de alta velocidad entre Madrid y Sevilla. «Nosotros no vamos a ser menos que los catalanes...» Un gran lema español.

Dieciséis años después, aquella es una foto superada por los acontecimientos. A finales de diciembre de 2007 Barcelona seguía esperando la llegada del tren de alta velocidad tras una increíble sucesión de problemas técnicos y de planificación, mientras el AVE ya trenzaba la potente malla metropolitana de la región de Madrid y alcanzaba, desde Córdoba, la ciudad de Málaga, en estos momentos la verdadera capital económica de Andalucía.

En pocas palabras, mientras se acumulaban errores e indecisiones en la línea Zaragoza-Lleida-Barcelona, la alta velocidad ferroviaria colocaba Toledo a treinta minutos de la estación de Atocha de Madrid; Segovia a otros tantos treinta minutos; Guadalajara (camino de Zaragoza) a veinte minutos; Valladolid a cincuenta minutos... La traducción práctica del Programa de Alta Velocidad del Plan Integral del Transporte (PIT) 2000-2007, aprobado por el Gobierno Aznar, es evidente: consagrar Madrid como uno de los grandes «ferropuertos» del mundo (como lo son París y Tokio, por ejemplo); ensanchar el área metropolitana madrileña, a la que a partir de ahora llamaremos Gran Madrid; asentar y ampliar la conexión Centro-Sur (la llegada del AVE a Málaga supone la conexión directa entre la capital de España y la Costa del Sol); perfilar un potente eje vertical Sur-Centro-País Vasco-Francia; ralentizar la conexión con Barcelona; unir Madrid con Valencia, e ignorar olímpicamente el Eje Mediterráneo (Murcia-Alicante-Castellón-Tarragona-Barcelona-Girona-Francia), como queda reflejado de manera bien patente en el mapa. Toda una estrategia nacional, sí, señor. Una estrategia nacional.

La conexión entre los dos principales motores de la economía española (Catalunya, 18,8 % del producto interior bruto español; Madrid, 18,6 % del mismo), que en buena lógica debería suponer una prioridad estratégica en términos nacional-españoles, no sólo cedía gentilmente el paso al enlace Madrid-Sevilla, en beneficio de la mitológica solidaridad con el Sur. No sólo eso; también se supeditaba a otra gran prioridad, mucho menos mítica, pero en absoluto irrelevante en términos políticos, económicos y estratégicos: la fortificación del Gran Madrid, la región metropolitana central, que desborda con creces los límites administrativos de la Comunidad Autónoma de Madrid, y avanza en forma de estrella hacia Segovia y Valladolid, hacia Guadalajara, hacia Toledo (camino de Ciudad Real) y hacia Ávila (cuando empiece a construirse la línea que algún día unirá Madrid con Lisboa).

Las prioridades reales, por tanto, han sido claras. Y su significado político, también. Hacía años que el ferrocarril no se mostraba con tanta evidencia como voluntad política. Férrea voluntad política. Dejémonos de circunloquios: la gran prioridad española de los últimos veinte años ha sido la alianza, el nexo, la conexión, la buena articulación político-psicológica entre el Centro y el Sur. Un eje que el Partido Popular intentó ampliar entre 1996 y 2004 hacia las costas levantinas. Estuvo a punto de conseguirlo. Estuvo a punto de conquistar, el Partido Popular, una hegemonía irreversible. ¡Ay, si Aznar no hubiese leído mal la tragedia del 11 de marzo!

Heredero de este mapa, el Gobierno de Zapatero intentó disfrazar su contenido de fondo con un hábil calendario de inauguraciones. El 21 de diciembre de 2007 el AVE debía llegar a Barcelona, el 22 a Segovia-Valladolid, y el 23 a Málaga. Aparentemente se restablecían las prioridades: por fin le tocaba el turno a la segunda ciudad española e inmediatamente después llegaba el ambicioso Centro-Sur. Pero los designios del subsuelo son inescrutables.

Una serie de fallos técnicos en la impermeabilización de los túneles de acceso a Barcelona provocó el extraordinario fiasco ferroviario de octubre de 2007 que irritó sobremanera a la sociedad catalana... sin consecuencias electorales. El 9 de marzo de 2008 los socialistas obtuvieron en Catalunya los mejores resultados de su historia, sólo comparables al gran éxito de Felipe González el 28 de octubre de 1982. Los catalanes estaban irritados con el Gobierno, estaban hasta las narices de la peculiar expresividad de la ministra Magdalena Álvarez, sí, pero aún estaban más enfadados con la agresividad de la derecha, con su descarada estrategia de la tensión. Las maquiavélicas advertencias de Aznar sobre una inminente «balcanización» de España, las páginas del diario *El Mundo* estimulando el boicot comercial a los productos catalanes y los delirios matinales de la Cope hicieron triunfar a los socialistas en Catalunya. Unas elecciones son siempre un compromiso: entre lo que no nos gusta nada, entre lo que no nos gusta y creemos poder soportar y lo que quisiéramos. El 9 de marzo de 2008 el balance fue favorable a Zapatero, pese a las promesas mal cumplidas, pese a los apagones y estropicios ferroviarios en Catalunya, pese a las intemperancias de «Maleni» Álvarez... No es fácil que este balanceo se repita en los próximos años.

El AVE también nos habla del norte. De los caminos de hierro del norte de España. De los designios no menos inescrutables de la política vasca. Mientras los catalanes se lamentaban de la increíble secuencia de adversidades en Barcelona, el Partido Nacionalista Vasco y el Gobierno Zapatero llegaban a un muy interesante acuerdo sobre la financiación de la denominada Y vasca: el doble enlace de la alta velocidad Vitoria-Bilbao y Vitoria-San Sebastián-frontera francesa.

El tramo Vitoria-Bilbao corre a cuenta de los Presupuestos Generales del Estado, mientras que el tramo Vitoria-San Sebastián se lleva a cabo en paralelo, mediante una financiación especial: la obra es ejecutada por el Gobierno vasco y su importe será descontado del cupo (la cuota que la Hacienda vasca paga al Estado una vez recaudados los impuestos). Interesante novedad: un privilegio del siglo XIX sirve para acelerar una obra clave para la inserción del País Vasco en el siglo XXI. Atención: una presencia más intensa de la nación vasca en el cuadro español y en el cuadro francés. Sí, también en el cuadro francés, puesto que, al llegar a la frontera, el AVE conectará sin mayores dificultades con el ramal atlántico del TGV francés. Ramal que parte de París y enlaza con Angulema, Burdeos, Dax, Bayona y Hendaya. Por aquel entonces —el horizonte es 2010—, la conexión mediterránea AVE-TGV puede que todavía esté en mantillas. Podemos apostar ahora mismo, doble contra sencillo, que estará en mantillas.

Mapas, mapas. París y Madrid saben lo que hacen. París y Madrid saben que necesitan un País Vasco abierto y muy bien comunicado. Palabras de un relevante ministro del Gobierno español, tres meses después de las elecciones de marzo de 2008: «La llegada del AVE al País Vasco es muy importante, para afianzar la pertenencia vasca a España; vamos a realizar un esfuerzo para acelerar esta obra y hemos llegado a pactos muy interesantes con el Partido Nacionalista Vasco. Es un asunto de Estado».

Al Partido Nacionalista Vasco también le han interesado esos pactos, sobre todo al ala «neocapitalista» que hasta finales de 2007 encabezaba Josu Jon Imaz. («Neocapitalista» es la expresión con la que la denominada izquierda abertzale descalificaba a Imaz y a los moderados del PNV.) Para los autonomistas vascos, sobre todo para los autonomistas vizcaínos, la situación ideal es la siguiente: fuerte autonomía, excepción fiscal, internacionalización de la economía vasca y buenos negocios en España. Que se lo pregunten si no a la BBK, la caja de ahorros de Vizcaya, muy atenta al negocio inmobiliario en Levante y la Costa del Sol (mientras el negocio funcionaba). Que se lo pregunten a Eroski; que se lo pregunten a los gestores del museo Guggenheim de Bilbao; que se lo pregunten a los promotores de la fusión de las cajas de ahorro vascas...

El AVE es uno de los proyectos estratégicos del PNV en su dimensión de partido gestor de los intereses reales y realizables de las clases dirigentes vascas. Basta un dato para certificarlo: el Gobierno vasco aceptó hacerse cargo de la línea Vitoria-San Sebastián (redacción del proyecto, expropiación de los terrenos afectados, licitación de la obra y contratación de la misma) sabiendo que la obra iba a ser amenazada por ETA, atenta a las protestas ecologistas que surgirán en los valles guipuzcoanos.

El AVE es una de las claves de la ruptura de la Unión del Pueblo Navarro y el Partido Popular, no la única, pero sí una de ellas. Los regionalistas navarros (los tradicionalistas navarros, para ser más fieles a la realidad) pidieron al Gobierno el mismo trato que los vascos: gestionar directamente, a cuenta del convenio navarro, la construcción del ramal Logroño-Pamplona (derivado de la línea Madrid-Zaragoza-Valencia). En 2007 les dijeron que no. Después de la abstención de UPN en la votación de los Presupuestos Generales de 2009 y la consiguiente ruptura con el Partido Popular, el AVE llegará antes a Pamplona.

Impulsada en sus inicios por Felipe González como señal inequívoca de que la prosperidad podía llegar a todos (línea Madrid-Sevilla), la red de alta velocidad fue madurada y potenciada por los gobiernos de José María Aznar como la consagración del Gran Madrid radial. Todas las líneas proyectadas tienen su origen en Madrid. El AVE es un grandísimo proyecto político. Es un gran instrumento de contratación en esa gran lonja llamada España. Que no se rompe, no se rompe. (Y en esa lonja de contratación aún no se ha licitado, aún no se ha proyectado, aún no se ha planificado, aún no se ha negociado, aún no se ha prometido la línea transversal Valencia-Barcelona. El Eje Mediterráneo, diríamos. En la lonja nada ocurre porque sí.)

España, suele decir José Luis Rodríguez Zapatero en sus mítines, será pronto el país del mundo con más kilómetros de alta velocidad ferroviaria. El AVE acaba así con la «España invertebrada» de José Ortega y Gasset. Aproxima lo que antes se hallaba distante, rescata del olvido capitales de provincia que se encontraban en un plano discreto (Ciudad Real, Guadalajara, Valladolid, Huesca, Lleida...), crea nuevos nódulos metropolitanos, moviliza plusvalías, genera enfados (Cuenca también existe, y Teruel, y Pamplona...), excita dudas existenciales (Portugal duda entre la prioridad de la línea Lisboa-Madrid o la construcción de un nuevo aeropuerto internacional), excita incluso a los terroristas (el crimen de ETA en Azpeitia). El AVE es expectativa y discusión sin fin. El AVE es la piedra de toque de la pluralidad española. Todas sus derivas conducen a las estaciones de Atocha y Chamartín. Ninguna línea transversal, ajena al radio madrileño, ha sido por ahora ejecutada. Ninguna.

LAS PUERTAS DEL PARAÍSO (EL DÍA QUE EL AVE LLEGÓ A MÁLAGA)

«¡Hoy todos somos malagueños!», grita el presentador de la fiesta por la llegada del AVE a Málaga. En la estación dedicada a María Zambrano grita el galán, con aires de la Costa del Sol. «Quillo, malagueños lo somos todos los días, ¡querrás decir que hoy somos malagueños orgullosos!», le responde ella, la vivaz locutora de Onda Azul, veinte años, rubiales y con esa punta de bravura que suelen tener las jóvenes de talla grande. Onda Azul es la televisión municipal de Málaga: zalamera con el pueblo y muy, muy pendiente del alcalde, don Francisco de la Torre Prados, del Partido Popular. Caballero en el ademán.

España es hoy una suma inestable de orgullos. Orgullos regionales y orgullos municipales hinchados por el gas carbónico de la radiotelevisión local: gran escuela de reverencias y ambiciones en la que se están formando no pocos dirigentes del mañana. «Quillo, no te confundas, hoy somos malagueños orgullosos.»

En el ínterin, mientras el tren veloz sale por Antequera, el alcalde De la Torre, a preguntas de la perspicaz locutora, define la jornada con una de esas metáforas que tanto gustan en Andalucía: «A partir de hoy, Madrid está más cerca del Paraíso». Y no anda desencaminado. El AVE Madrid-Córdoba-Málaga conecta el mogollón central, el núcleo duro de la España dinámica e inmobiliaria, con la efervescente, soleada y opaca Costa del Sol. Mapas. Mapas. Hay que redibujar todos los mapas. El Gran Madrid —novísima región metropolitana que, gracias al ferrocarril de alta velocidad incluye Toledo, Guadalajara, Segovia, con rápidas aproximaciones a Valladolid y Ciudad Real—, se halla a partir de hoy a dos horas y media del núcleo principal de la tercera ciudad española: el prodigioso y rectilíneo continuo urbano que recorre toda la costa andaluza, sumando tres millones de habitantes. Mapas. Mapas. Hay que revisar todos los mapas.

El señor De la Torre Prados esa conveniente revisión de la cartografía ya la tiene muy avanzada. Mientras el tren veloz sale por Antequera, le dice a la intrépida locutora: «Con el AVE estaremos mucho más cerca de Madrid, de Castilla y de Aragón». Para el alcalde de Málaga, aires de notario, mirada de registrador de la propiedad, la Península acaba en Aragón. Luego viene tierra incógnita. Luego viene Ella. La Innombrable. Mapas. Mapas.

Habla el alcalde y remata la vivaz periodista, puesto que la radiotelevisión municipal es escuela de futuros: «Quillo, ahora podremos ir a Segovia a por cochinillo, a probar el cordero de Valladolid y traernos un recuerdo del Pilar».

Mapas. Mapas. Mapas mentales. La Península acaba en Aragón. Y luego viene Ella. La Innombrable. Así está el patio en Málaga y en Andalucía entera. Así queda la jugada después de cuatro años políticamente desquiciados. Unos con el derecho a decidir, con la buena gente catalanista desconcer-

tada y los otros con una decisión ya tomada: la Península acaba en Aragón. Y luego viene Ella. La Innombrable.

Muy atento a los olores del día, buen cartógrafo de lo inmediato, el presidente Rodríguez Zapatero pisa la estación María Zambrano sabiendo muy bien en qué lugar del mapa de los sentimientos ha quedado Ella: el segundo motor económico de la Península. Y no la nombra. No la nombra. No la quiere nombrar. Sólo la protagonista del día tendrá un gesto, un detalle tonadillero: «Seré feliz cuando el AVE llegue a Barcelona», recita Magdalena Álvarez. Vibra la estación, vibra quillo, el orgullo malagueño, vibran las pancartas de los anarquistas que protestan por la pérdida de unos acuíferos en Antequera (en Andalucía aún queda un leve eco rojinegro), y vibra la voz aleonada de Pastora Soler, roja melena, curvas de la Costa del Sol, animadora del final de fiesta. Fue entonces cuando Zapatero le dedicó un susurro a la protagonista del día:

—Maleni, reina mora, sé tú misma.

(Y al anochecer repicaron las campanas de la catedral.)

7

LAS TIERRAS (LOGÍSTICAS) DE JAUME I

«Jo són aquell que en temps de tempesta, / quan les més gents festejen prop los focs / e pusc haver ab ells los propis jocs, / vaig sobre neu, descalç, amb nua testa / servint senyor que jamés fou vassall.»

AUSIAS MARCH,
No em pren així com al petit vailet, siglo XV

Valencia es la ciudad menos melancólica de España. La observación es del periodista y escritor Arcadi Espada y se ajusta a la realidad. Valencia es la ciudad que mejor expresa la pulsión euforizante que catorce años consecutivos de crecimiento económico han introducido en aquellas capas de la sociedad española más favorecidas por el maná inmobiliario, la avalancha turística y el abaratamiento salarial propiciado por la inmigración. Valencia se ha acostumbrado a ir a más de cien por hora. Valencia es la ciudad menos melancólica de España porque tiene muy pocas cosas que añorar. Lejos quedan los años noventa en los que las clases medias valencianas miraban de reojo a Barcelona y a Sevilla, sobre todo a Barcelona, beneficiadas por los Juegos Olímpicos y la Exposición Universal de 1992. En aquel tiempo apareció la siguiente pintada en un muro de la ciudad: «Barcelona, los Juegos, Sevilla, la Expo, Madrid, capital cultural, y Valencia, ¿qué?». Este incisivo «y Valencia, ¿qué?» (atención al sintagma: he ahí, de nuevo, el «nosotros no vamos a ser menos», auténtico lema nacional-español desde 1977), abrió las puertas del poder regional y municipal al Partido Popular.

La verdad es que también se las abrió Joan Lerma, presidente de la Generalitat valenciana entre 1983 y 1995 y líder máximo del PSOE-PSPV, que logró dilapidar en los años noventa la sólida posición que los socialistas habían logrado acumular en la cuarta comunidad que más diputados aporta al Parlamento español. Hombre hierático, poco expresivo y tremendamente apegado a los manejos de aparato, Lerma no logró consolidar un buen equipo dirigente que interceptase el cambio de tendencia de una Valencia deseosa de enriquecerse y de «no ser menos». La indiscutible victoria del PP valenciano en las elecciones autonómicas y municipales de 1995 fue una de las señales más claras de que el PSOE de Felipe González se dirigía rápidamente al ocaso. En marzo de 2006 José María Aznar se convertía en el cuarto presidente de la democracia.

Con cerca de cinco millones de habitantes, que representan el 10,5 % de la población española, la Comunidad Valenciana produce el 9,7 % del producto interior bruto y su renta per cápita representa el 92,3 % de la media española. Tradicionalmente la riqueza valenciana provenía de la huerta y de una vivaz industria manufacturera «a la italiana» (calzados, juguetes...) muy entrenada en nadar bajo la línea de flotación de la Inspección de Hacienda. Luego vino el turismo y las primeras grandes pirámides (Benidorm) del negocio inmobiliario. Y ahora reina la construcción. Lo más cerca del mar posible. En un reciente y relevante estudio del Banco Bilbao Vizcaya titulado «El stock y los servicios de capital en España y su distribución territorial» aparecen datos muy interesantes al respecto: la Comunidad Valenciana sobresale de la media española por el elevado índice de su capital residencial. Los activos en vivienda representan el 54,8 % del capital de la comunidad, mientras que en el total español la vivienda supone un 49,2 %. Este ha sido hasta hoy, hasta hace apenas cinco minutos, el gran punto fuerte de la economía valenciana. Y acaso su talón de Aquiles.

Damos la palabra a Rafael Blasco, consejero de Inmigración del Gobierno valenciano a finales de 2008, pieza importante en el equipo del presidente Francisco Camps, y algo más: verdadero Rasputín de la política valenciana, al decir de quienes conocen bien sus pliegues barrocos e italianizantes. «El problema para el Partido Popular es que nos hemos quedado sin adversario en Valencia. El PSOE está en caída libre y la coalición electoral entre nacionalistas y comunistas se ha desintegrado a la primera de cambio. Sin un adversario claro, la actual legislatura puede tener riesgos importantes, en un momento en que hay negros nubarrones en el horizonte inmobiliario.» En pocas palabras, el consejero Blasco teme que Valencia pueda morir de éxito. Que una vez estilizada por el arquitecto Santiago Calatrava, el omnipresente Calatrava, Valencia cimbree al viento de la coyuntura económica, por falta de una adecuada tensión interna.

Es la reflexión interesante de un hombre que militó en la

extrema izquierda revolucionaria de los años sesenta, que iniciada la Transición formó parte del grupo dirigente del socialismo valenciano —la escuadra que el hierático Joan Lerma ahogó en los años noventa—, para ejercer después de gran consejero áulico de Eduardo Zaplana. Blasco es un hombre temido en Valencia. Es un auténtico «borgiano», un borgiano de los Borgia. Bajo una apariencia auténticamente cardenalicia —rostro tranquilo, frente ancha, una mirada vuelta hacia dentro, brazos robustos y velludos—, Blasco tiene un aire entre curial y eslavo, no desentonaría en el Vaticano, pero también podría pasar por un miembro del politburó del Partido Comunista de Checoslovaquia en los días previos a la invasión de Praga. Sabe lo que es la voluntad de poder. Conoce el secreto más íntimo de la política.

La conversación tuvo lugar en julio de 2007. Nada en Valencia hacía prever, al menos en apariencia, el advenimiento de una fuerte crisis económica. A toda vela, la capital intentaba renovar su contrato para la celebración de la Copa América (objetivo finalmente no conseguido) y se disponía a estrenar un Gran Premio europeo de Fórmula 1, negocio indirectamente gestionado por Alejandro Agag, el influyente yerno de José María Aznar. Dos competiciones deportivas de fuerte pegada en la televisión y en los medios internacionales. Quince años después del 92, Valencia accedía al altar mediático que transforma las ciudades en una marca atractiva para miles de turistas de todo el mundo. Barcelona lo consiguió mucho antes y estos últimos años ha comenzado a pagar algunas consecuencias negativas del éxito: masificación del turismo, banalización de la vida urbana y erosión de los servicios públicos. Sevilla no puede decir exactamente lo mismo, puesto que la Expo no tuvo el mismo papel propulsor. (Sevilla, la novia de España, más guapa que nunca, toca la guitarra a orillas del Guadalquivir.) Valencia ha realizado el proyecto histórico que reclamaba la pintada en el muro: «Y nosotros, ¿qué?». Así ha sido. La realidad valenciana olía, hasta hace unos días, a velocidad, a gasolina, a petardo, a dinero rápido, a hedonismo, a desenfreno, a orgullo, a desafío, y a onomatopeya de dieciséis válvulas: «¡Brrrrrrrmmmmm!».

Valencia estaba desbordando a Barcelona en vitalidad y en algunos indicadores económicos —el tráfico de contenedores por el puerto de Valencia ya supera el tráfico de la capital catalana, por ejemplo—, con la consiguiente excitación política y periodística. Pero algunos datos esenciales de la realidad socioeconómica no deberían perderse de vista: la participación de Catalunya en el PIB español (18,8 %) es el doble que la de la Comunidad Valenciana. Todos los indicadores básicos, incluida la productividad del trabajo y el capital humano (los años de estudio en la población mayor de dieciséis años) decantan la balanza claramente a favor de Catalunya. No, no ha habido *sorpasso*. No estamos en el siglo XV, cuando Valencia superó en riqueza, cultura y habitantes a una Barcelona diezmada por la peste y el corrosivo conflicto entre la Biga (la oligarquía urbana) y la Busca (mercaderes y menestrales), los dos «partidos» medievales que se combatieron hasta la guerra civil catalana de 1462-1472. No estamos en el siglo XV, cuando Ausias March componía los más bellos poemas escritos jamás en lengua catalana. ¡Alto ahí!, gritaría ahora mismo, despechado y al unísono, un sector nada menospreciable de la sociedad valenciana. Alto ahí, que Ausias March no era catalán y escribía en valenciano. Dejémoslo en un punto intermedio: March escribía en catalán/valenciano, que siendo lo mismo, o prácticamente lo mismo, puede ser vivido como algo muy distinto.

Ni la Comunidad Valenciana ni la ciudad de Valencia, decíamos, han superado a Catalunya y a Barcelona en ninguna de las grandes magnitudes con que se mesuran la economía y la sociología. Sólo gana en un registro, nada menor, nada intrascendente: Valencia tiene el tono vital más alto, mucho más alto, frente a una Barcelona desorientada y medio deprimida. Valencia, como decíamos al principio, es la ciudad menos melancólica de la península.

El mundo nacionalista catalán, o una parte sustantiva de él, ha convertido Valencia en su gran esperanza y en su gran pesadilla. La tierra de promisión del sur, la potente franja mediterránea que se encarna en los mapas del tiempo de TV3 como una unidad meteorológica en lo universal llamada Països Catalans, se ha ido alejando paulatinamente de ese ideal pancatalanista, que llegó a adquirir cierto nervio en los años setenta. Diversos son los factores que han conducido a ello, comenzando por la propia complejidad de la sociedad valenciana, pero ya va siendo hora de aceptar que en la Transición se movieron algunas piezas importantes para bloquear cualquier hipótesis reunificadora de la antigua Corona de Aragón o, al menos, de sus tierras de habla catalana.

Hay una paradoja interesante que conviene subrayar, tras unos meses de debate muy intenso sobre la personalidad política de Navarra. Como es sabido, la disposición transitoria cuarta de la Constitución Española de 1978 deja abierta la posibilidad de que Navarra se incorpore al País Vasco mediante referéndum: «En el caso de Navarra, y a efectos de su incorporación al Consejo General Vasco o al régimen autonómico vasco que le sustituya, en lugar de lo que establece el Art. 143 de la Constitución, la iniciativa corresponde al Órgano Foral competente, el cual adoptará su decisión por mayoría de los miembros que lo componen. Para la validez de dicha iniciativa será preciso, además, que la decisión del Órgano Foral competente sea ratificada por referéndum expresamente convocado al efecto, y aprobado por mayoría de los votos válidos emitidos». He ahí una faceta interesante del Privilegio vasco y navarro, del carné de primera que la historia ha otorgado al Gran Luxemburgo hispánico. El País Vasco y Navarra no sólo conservan un beneficioso estatus fiscal que les permite no aportar prácticamente ni un euro a la caja común de la muy solidaria nación española, sino que además tienen abierta la puerta a una fusión o federación, opción prohibida a las demás comunidades autónomas españolas (artículo 145.1 de la Constitución). Sin duda alguna, las tres guerras civiles carlistas han dejado una huella profunda en la anatomía política española. Y la grave amenaza de ETA, también.

Ante la eventualidad de que el artículo 145.1 de la Constitución no fuese suficiente para bloquear la hipótesis de los Països Catalans (la articulación o federación de Catalunya, el entonces llamado País Valencià y las islas Baleares), Fernando Abril Martorell y Alfonso Guerra, fontaneros jefes de la Unión de Centro Democrático y del PSOE, pactaron una ley electoral especialmente pensada para dificultar la presencia de los pancatalanistas en las Cortes valencianas. Mientras en todas las comunidades el régimen electoral establece un tope del 3 % para obtener representación parlamentaria, el techo en Valencia es del 5 %, techo revalidado por el nuevo Estatuto de 2005, prontamente pactado por el PSOE y el PP, meses antes de que comenzase el «slalom gigante» del Estatut de Catalunya. Recapitulemos: puerta medio abierta para la federación entre el País Vasco y Navarra; barrera sobre barrera entre la Comunidad Valenciana y Catalunya. ¡Cuidado con la Corona de Aragón! ¡Cuidado con los Països Catalans! Realmente, ETA influyó mucho en la Transición.

Barrera sobre barrera entre Alcanar y Vinaròs, pero faltará a la verdad quien atribuya el progresivo debilitamiento de las posiciones catalanistas en Valencia al acreditado maquiavelismo de los señores Abril y Guerra en los momentos decisivos de la Transición. Ha sido la propia evolución interna de la sociedad valenciana la que ha ido orillando progresivamente una de las ideas clave del escritor y ensayista Joan Fuster en los años sesenta y setenta: la idea de que la sociedad valenciana podía salir del gris estancamiento del franquismo tomando Barcelona como espejo, reforzando los lazos con Catalunya; en definitiva, tomando el catalanismo como principal referencia. Fuster, colaborador semanal del diario *La Vanguardia* entre los años setenta y ochenta, gracias a los buenos oficios del periodista Manuel Ibáñez Escofet, influyó de una manera muy importante en la generación progresista que aquellos años oscilaba entre el izquierdismo y el catalanismo. Aún hoy es recordado con verdadera nostalgia en Barcelona, como paradigma de intelectual independiente.

Podríamos hablar de la «paradoja Fuster». El Montaigne de Sueca, el hombre introvertido al que tantos jóvenes rendían visita, creó un artefacto de cierta utilidad para la política catalana y de progresiva inutilidad en Valencia. El concepto Països Catalans (la transformación de los territorios de habla catalana en una única nación política) pronto contribuyó a dibujar las primeras líneas divisorias en la política catalanista, necesitada de una fuerte competición interna dada la amplitud de sus fronteras. La adhesión a los Països Catalans sirvió para trazar una buena línea de puntos entre nacionalistas y «sucursalistas», puesto que los partidos que mantenían algún tipo de vínculo federal o semifederal con fuerzas de ámbito español (estamos hablando, básicamente, del PSOE y el PSC, y del PCE y el PSUC) difícilmente podían defender la absorción de Valencia por el proyecto nacional catalán. En una segunda fase, los Països Catalans dibujaron una línea de puntos en el interior del propio nacionalismo: la muy pragmática Convergència i Unió se mantenía en una posición ambigua, mientras que el área independentista convertía el irredentismo en una de sus grandes señas de identidad. Una intensa emulsión sentimental. Los Països Catalans han sido uno de los grandes banderines de enganche de las sucesivas juventudes nacionalistas e independentistas. Así, hasta nuestros días, con el apoyo entusiasta de TV3.

En Valencia, por el contrario, los Països Catalans han sido un perfecto y constante acicate para el fortalecimiento de un fibroso bloque anticatalanista que va desde la extrema derecha «blavera» hasta sectores del electorado del PSOE. El fantasma de la anexión ha sido de una preciosa utilidad para quienes durante treinta años han tenido como principal objetivo dinamitar todos los puentes posibles entre Valencia y Catalunya, e intentar destruir uno de los bienes más preciosos que ambas tierras comparten: la lengua y una tradición cultural, que sin ser la misma, tiene muchos puntos de contacto. No han sido pocos los que han trabajado y siguen trabajando con ahínco en esa dirección. La hipótesis de un *volkgeist* pancatalanista, de un único «espíritu del pueblo» a lo largo de la franja mediterránea española, sin duda resultaba un horizonte inquietante para los arquitectos de la Transición. No es difícil imaginar que en los despachos de Madrid alguien dijese: «Con el problema vasco ya tenemos suficiente».

El catalanismo, sin embargo, no fue muy hábil en el arte del *volkgeist*, al menos en Valencia. Jordi Pujol lo reconocía hace unos años: «Los catalanistas no supimos entender dos cosas muy importantes del pueblo valenciano: las fallas y la "Geperudeta"». En pocas palabras, muy ocupados en las veladas con Joan Fuster en Sueca, los catalanistas se pusieron de espaldas a dos signos populares llamados a crecer, a elevarse: las fallas se convertirían en el primer gran atractivo turístico de Valencia, antes de la actual fase cosmopolita (Copa América, Fórmula 1), y la «Geperudeta», Nuestra Señora de los Desamparados, seguiría encarnando una religiosidad popular que abraza, que reúne, que articula y da cobijo, como una antigua deidad romana, a una sociedad hedonista y de fuertes impulsos individualistas.

Una sociedad que ahora se enfrenta a los rigores de la crisis económica. A medida que el horizonte se ennegrece, han comenzado a tomar cuerpo en el Gobierno autónomo valenciano inéditas posiciones de reconciliación respecto a Catalunya. Gestos que hasta la fecha han encontrado en la sociedad catalana un eco cualitativamente importante —en los medios de comunicación más influyentes— pese a la fuerte inercia del mito Països Catalans entre un sector todavía apreciable de la militancia y el electorado nacionalista.

La crisis ha roto con el ensueño de una Valencia absolutamente desvinculada de Catalunya y muy bien hermanada con Madrid. Valencia, playa de Madrid. Valencia, puerto de Madrid. Una Valencia cosmopolita.

Adulando a Joan Fuster hasta extremos dogmáticos, el catalanismo no entendió los mecanismos más profundos de la sociedad valenciana y la evolución de sus coordenadas internas en los años ochenta y noventa. Pese a que algunos en Barcelona todavía se resisten a ver lo que es evidente, la escisión política y emocional entre catalanes y valencianos se ha ensanchado hasta abrir un auténtico foso entre Alcanar y Vinaròs. Gente perspicaz de ambas partes intenta ahora tender nuevos puentes.

Superados los fastos de la Copa América de Vela y de la puesta en marcha de su circuito urbano de Fórmula 1, la valenciana es una sociedad que ahora se enfrenta con notable dificultad a los rigores de la crisis económica. El 15 % del producto interior bruto de la región dependía hasta hace unos meses de la actividad inmobiliaria, verdaderamente frenética en amplias zonas del litoral. Véase la película *Huevos de oro*, de Bigas Luna, con Javier Bardem y la dulce María de Medeiros. Se calcula que en el otoño de 2008 había en toda la Comunidad Valenciana más de cien mil viviendas de nueva construcción sin vender. Al igual que en el resto de España, la paralización del negocio inmobiliario se convertía en heraldo de un inquietante horizonte: incremento del paro, posible tensión con la población inmigrante, severa reducción de los ingresos públicos (vía impuestos) con la consiguiente repercusión en los servicios públicos y acicate para el victimismo...

Los efectos devastadores de la crisis económica obligan a Valencia a prestar una atención prioritaria a sus posibilidades logísticas para incrementar la exportación de manufacturas a Europa en el menor tiempo posible: manufacturas producidas en la propia comunidad y las mercancías que llegan al puerto de Valencia desde Extremo Oriente. La autopista ya no basta. Reaparece en el discurso valenciano la reivindicación de un corredor ferroviario de ancho europeo a lo largo de todo el litoral mediterráneo: de La Jonquera a Murcia. Emerge la expresión «corredor mediterráneo» como expresión de un anhelo que va más allá de la logística, sin confundirse con los Països Catalans, de los que cada vez menos gente habla en Catalunya. Para entendernos: lo que ahora importa no es la bandera (con franja azul o sin franja azul), sino que los coches de la factoría Ford de Almussafes tarden lo menos posible en llegar a Europa.

Pilotado por las cámaras de comercio y las asociaciones empresariales, ha comenzado un lento deshielo entre Valencia y Catalunya. Un deshielo que tardará en alcanzar las capas más profundas: aquellas más íntimamente ligadas a la lengua y a los sentimientos de pertenencia. Incluso es probable que se produzca alguna marcha atrás. La complicación del horizonte económico, al aumento del paro y los problemas más que probables con la inmigración pueden excitar de nuevo los sentimientos radicales ansiosos de un chivo expiatorio.

El fantasma del «imperialismo catalán» no desaparecerá

fácilmente. Si se mitiga en Valencia, si se reduce a la mínima expresión en Baleares y si se difumina en Aragón, pronto lo veremos azuzado desde Madrid, desde las almenas de la «renacionalización» de España. El hostigamiento a lo catalán se ha consolidado como un pingüe negocio: parece que ayuda a vender libros y diarios, y genera la vana ilusión de que algún día puede ser decisivo para ganar unas elecciones generales en España (ilusión severamente desmentida por la realidad, el 9 de marzo de 2008).

El fantasma del «imperialismo catalán» aún tardará más en desaparecer si Catalunya no efectúa, de una vez por todas, una seria revisión de su política de vecindad, que no puede basarse únicamente en la sintonía partidista o ideológica de los gobiernos de turno. El reconocimiento de los intereses comunes debería ir acompañado de la franca aceptación de que la gran mayoría de la sociedad valenciana no se siente catalana y de que una hegemonía cultural en la «franja» de Aragón (las comarcas aragonesas de habla catalana) es hoy un asunto perfectamente secundario. Como secundarias son las querellas parroquiales entre Lleida y Barbastro.

La crisis económica redimensionará las pequeñas querellas hispánicas. Puede que las inflame. O quizá las empequeñezca, cediendo el paso a nuevas formas de cooperación y aprovechamiento de la vecindad. A nuevas escalas. Barcelona, Valencia y Zaragoza conforman hoy el más potente triángulo logístico de la Península Ibérica. La franja o corredor mediterráneo concentra el mayor número de pequeñas y medianas empresas, base productiva imprescindible para el relanzamiento de la economía española. Los puertos de Barcelona y Valencia son la gran puerta de entrada de las mercancías de Extremo Oriente. Están condenados a competir, pero también a cooperar: ambos necesitan el ancho de vía europeo.

Hay más. Cancelada —al menos de momento— la estrategia que pretendía convertir las islas Baleares, especialmente Mallorca, en base náutica, inmobiliaria y política de la oligarquía madrileña (cuyos portavoces periodísticos cometieron el craso error de querer arrinconar de manera chulesca a los sectores más tradicionales de la burguesía local, entre ellos a Pere Serra, el más destacado editor de la prensa regional), la apertura balear hacia Barcelona, pero también hacia Valencia, se impone.

Adiós, Països Catalans, ¿bienvenida la «neocorona» de Aragón? No asustemos al personal. Digamos solamente que las tierras de Jaume I son hoy base y baza imprescindible para el relanzamiento económico de España.

SUITE VALENCIANA (CUANDO LA CRISIS SE VEÍA VENIR)

Camino de la estación del Nord, donde todavía no llega ningún AVE, suena la música. Una música alegre y azul marino, una música de banda uniformada, que invade la acera más municipal de Valencia. La señora Rita Barberà debe de haber organizado una fiesta, porque la melodía sale del interior del ayuntamiento, y llega gente endomingada. Camino de la estación del Nord, donde los trenes Alaris son de velocidad alta, pero no de alta velocidad, el momento es feliz. A veces basta con poco. La ingravidez de una tarde de primavera. Una música que te asalta por sorpresa y despierta la alegría simple que todos llevamos dentro. Y la perspectiva. Sobre todo, la perspectiva. Una estación al fondo. Un punto de fuga. «Mobilis in mobili», que decía el capitán Nemo. Moverse dentro del movimiento.

La que se mueve es Valencia. Hay una preocupación evidente por el porvenir. El mercado inmobiliario ha frenado en seco, como en toda España, y comienza a cundir la idea de que nada volverá a ser como antes. Hay un mal presagio en ciernes. Una negatividad a la que todavía faltan unos meses de recorrido para ser densa, masiva y angustiosa. Cuando llegue el momento de reconstruir la perspectiva y la estación esté demasiado inmóvil. Hay una evidente preocupación valenciana por el futuro, pero sin sensación de desplome ni de agarrotamiento. El aire no es depresivo. Por ahora. No, no es uno de esos momentos Ingmar Bergman que tanto gustan en Catalunya, en los que el alma se reúne en simposio: quiénes somos y adónde vamos. Esos momentos introspectivos, montserratinos, en los que la tradición católica y menestral dicta su ley a la conciencia, luteranamente. (Un día habrá que explicar por qué las iglesias están bastante vacías en Catalunya. No es que Catalunya se haya vuelto atea; es que entre los años sesenta y setenta, la religión salió de los templos y se transformó en mentalidad civil. Sacralizó todo lo que tocaba: el catalanismo, el progresismo, el sindicalismo, el montañismo, la pedagogía, el periodismo... Se escapó la religión por debajo de la puerta del templo y aún no ha vuelto.)

En Valencia no ocurre lo mismo. La religión está bien custodiada por la Virgen de los Desamparados, la «Geperudeta», que preside la ciudad como una gran deidad romana. Al atardecer aún puede verse cómo algunas mujeres dan las nueve vueltas de rigor a la catedral. Están embarazadas y conjuran el destino.

Valencia es la ciudad más italiana de la península. Ya lo fue en el siglo XV*, en su momento de mayor grandeza. El Papa de la primera globalización, el que dividió el mundo en dos oceánicas áreas de influencia (tratado de Tordesillas entre Castilla y Portugal), fue valenciano: Alejandro VI, el gran Borja, crápula de finísima inteligencia política. Por tanto, a nadie debiera extrañar que, lejos de hundirse en el desasosiego, la Valencia preocupada por los malos augurios de* *la economía envíe hoy señales de reconciliación a Catalunya, mediante un giro tan verídico como teatral.*

Una svolta, *como dicen en Italia. (*Svolta, *qué palabra tan bella: ligera y circular como el vuelo de una túnica.) Una* svolta *seguramente sincera, pero también táctica, puesto que los del Partido Popular valenciano, que son los que mandan, no son tontos. Abren juego a Barcelona sin romper con Madrid. Treinta años después de los intensos manejos de Fernando Abril Martorell y Alfonso Guerra para abrir una zanja preventiva e insalvable entre valencianos y catalanes, alguna cosa se mueve bajo el lecho del río Turia.*

«Don Vicent, si vós voleu, cremen València», *le dijeron una vez los obreros portuarios del barrio de El Grao al escritor Vicente Blasco Ibáñez, tras un inflamado mitin republicano. He ahí una buena pregunta (una más) para el atribulado catalanista.* ¿Cremen València? *¿Dejamos pasar la* svolta *valenciana? ¿Nos mantenemos inmóviles en el movimiento?*

ELOGIO DE ZARAGOZA (CUANDO LA CRISIS YA ESTABA AQUÍ)

La obtención de un kilo de vainilla exige 96.469 litros de agua. Cada ramita cuesta un manantial. (Pronto veremos la tradicional crema de Sant Josep en el banquillo de la Inquisición Sostenible.) Un kilo de garbanzos se bebe 3.230 litros de agua. Y un kilo de cemento sólo requiere 32 litros, lo cual ayuda a explicar algunas de las cosas que han ocurrido recientemente en España. Son datos, curiosos e instructivos, de la Expo de Zaragoza, que ha cerrado sus puertas con un balance más satisfactorio que triunfalista.

«La Expo ha levantado la moral de la sociedad aragonesa, de antiguo poco habituada al optimismo. Zaragoza ha

pegado un gran salto, pero ahora el reto es dar continuidad y rentabilidad al esfuerzo en un contexto de crisis económica», explica Miguel Iturbe, director del Heraldo de Aragón, *diario-institución (*La Vanguardia *aragonesa) que preside el paseo de la Independencia. Durante el verano Iturbe paseó su amabilidad más de veinte veces por el recinto de la Expo, para cumplimentar a los invitados del* Heraldo. *Elegancia aragonesa. Hombre riguroso y exponente de una nueva generación periodística mucho más atenta a los interrogantes del futuro que a los ecos de 1968, Iturbe tiene noticia de Catalunya. Con pies de plomo, puesto que conoce el percal, avanza una opinión: «Me da la impresión de que las elites catalanas han caído prisioneras de una visión muy tétrica de todo lo que les rodea. La verdad es que no estáis tan mal».*

*Catalunya es un simposio abierto las veinticuatro horas del día —*què ens passa?, on anem?*—, pero los catalanes siguen siendo gente viajera, curiosa y con muchos menos prejuicios de los que le atribuye esa prensa madrileña que se está acostumbrando a vivir del cuento. Del viejo filón. En determinados círculos de la oligarquía madrileña existe la tentación, creciente, de convertir a Catalunya en cabeza de turco de todos los malhumores que trae consigo la crisis económica. Lo ha recordado el filósofo Ferran Sáez Mateu en el diario* Avui, *citando un libro titulado* La rectificació, *del que fue coautor: «¿Qué secuelas tendrá el impacto del Estatut si la actual prosperidad española se interrumpe? ¿Se convertirá la "cuestión catalana" en el chivo expiatorio de una hipotética pero no imposible recesión del "milagro español"? Que nadie pierda de vista en los próximos tiempos el precio del barril de petróleo» (septiembre de 2006).*

Volvamos a Zaragoza. Los visitantes catalanes han dado vida a la Expo, alegremente montados en el AVE, ese tranvía veloz que está subvirtiendo la cartografía española. Hay un mapa de la inflamación autonómica, es cierto. Hay un mapa que reúne las miradas tétricas, acaso injustificadas, y las euforias exageradas, que el frenazo económico está dejando fuera de lugar. («Si le da la gana, España puede comprar Portugal», escribían hace un par de años los quevedistas embriagados por la Bolsa.) Y está el nuevo mapa de los intercambios veloces y constantes. Somos una cartografía variable. Una confederación de expectativas y estados de ánimo en movimiento. Los catalanes —los de a pie, no las elites sombrías— han sido puntales de la Expo del agua, por delante de los madrileños, ya que la promoción del acontecimiento zaragozano ha sido bastante desigual. Han trabajado con pulcritud los aragoneses, han vigilado mucho las cuentas, no les pasará lo de Sevilla, pero les han fallado los lobbies. El Madrid que manda no se ha volcado al cien por cien con el esfuerzo de Zaragoza, puesto que en la capital, aunque lo nieguen, quienes dirigen la orquesta también son relativistas. La engolada nación muchas veces acaba en los predios enmoquetados del paseo de la Castellana.

Lo mejor de la Expo: la compacta belleza del pabellón-puente de la arquitecta iraquí Zaha Adid y la escultura metafísica de Jaume Plensa (El Alma del Ebro), *que en invierno resistirá con valentía los furores del cierzo. Lo más discutible: un discurso apocalíptico sobre el agua, que pasa totalmente de puntillas sobre su complicada gestión en España. Ese ecologismo tétrico y a la vez dulzón. ¡Con la de litros de agua que exige la vainilla!*

8

EL GRAN LUXEMBURGO

«Ufano de los triunfos de Salvatierra y Alegría, en tierra alavesa, Zumalacárregui invadió la Ribera de Navarra, donde el Ebro se bebe tres ríos: Ega, Arga y Aragón.»

BENITO PÉREZ GALDÓS,
Zumalacárregui, 1898

El mapa que ahora nos ocupa podría traspasar la frontera y llegar hasta el castillo de Foix, en tierra occitana. Nos habla de un antiguo y potente reino peninsular. De la gran falla del siglo XIX y de un gran privilegio que logrará atravesar el siglo XXI sin ser cuestionado, probablemente, muy probablemente. Es el mapa del Gran Luxemburgo hispánico: el País

Vasco y Navarra, unidos por el fuero y separados por el huevo. El huevo de la serpiente.

El intento de negociación del Gobierno de José Luis Rodríguez Zapatero con ETA volvió a poner de actualidad la hipótesis de la *unificación* vasco-navarra. Hay una frase, que algunos atribuyen al presidente en el momento más optimista del denominado «proceso de paz», que definiría una cierta perspectiva, una línea de trabajo: «Si existe una Comunidad Autónoma llamada Castilla y León, ¿por qué no Navarra y el País Vasco?». Es un enunciado que hace honor a Zapatero, siempre oscilante entre el cálculo de posibilidades y el GPS de las encuestas. Siempre basculante, de manera que, cuando le aprietan las clavijas, el revalidado presidente del Gobierno suele responder con una de esas frases suyas tan cercanas al marketing y a la tautología: «Navarra será lo que quieran los navarros».

Pero hay otra frase apócrifa muy interesante sobre Navarra, esta vez atribuida a José María Aznar. Habría sido pronunciada en octubre de 2006, en los inicios de un curso político decisivo para definir las posibilidades electorales del Partido Popular con el liderazgo de Mariano Rajoy. Habría dicho Aznar: «Si perdemos Navarra, España se nos va. En Navarra nos lo jugamos todo». El ex presidente es un hombre proclive al gesto doliente y a las frases lapidarias: «En Navarra nos lo jugamos todo». Si ello es cierto, la partida aún no está resuelta, puesto que los socialistas, después de haber renunciado a la formación de una mayoría alternativa con el consorcio vasquista Nafarroa Bai, aún disponen de margen de maniobra para forzar un cambio político en Navarra. De entrada ya han conseguido lo que hace apenas unos años parecía totalmente imposible: provocar la ruptura entre la Unión del Pueblo Navarro y el Partido Popular. Los regionalistas navarros se han abrazado al PSOE para frenar el empuje de Nafarroa Bai. «Si perdemos Navarra, España se nos va.» Siempre gloriosas las frases de Aznar.

La propaganda dominante en España dice que la unión del País Vasco y Navarra (potencialmente prevista por la cuarta disposición adicional de la Constitución Española de 1978) o la mera creación de un órgano de coordinación entre los dos gobiernos autónomos (coordinación ensayada a principios de los años noventa, sin que nadie se rasgase las vestiduras), supondría una gran victoria política de ETA y el primer paso para la independencia de una porción importante de España. Bajo esta perspectiva, Aznar quizá tendría razón: si Navarra se va con el País Vasco, si la mítica Euskal Herria toma forma, España cruje y de qué manera.

Pero otra perspectiva es posible. Otra visión del mapa es posible y, a la vez, muy recomendable. ¿Y si vascos y navarros se uniesen o coordinasen, no para irse, sino para quedarse? Para quedarse en unas condiciones todavía mejores de las que vienen disfrutando desde finales del siglo XIX. Para ensanchar, en tiempos de crisis, la gran excepción española. Si ello fuese así, asistiríamos a medio plazo a un importante cambio de escala, a una modificación sustancial de la actual relación de fuerzas entre los territorios peninsulares. La federación vasco-navarra se convertiría, de manera indiscutible, en el segundo territorio más rico de España, inmediatamente detrás del Gran Madrid, y claramente por delante de Catalunya, en términos de renta per cápita.

Veámoslo un poco más de cerca. Veamos las cifras. Con un censo de 619.000 habitantes, que representan aproximadamente el 1,4 % del total de la población española, la Comunidad Foral de Navarra produce el 1,7 % del producto interior bruto y alcanza una renta per cápita que representa el 126,4 % de la media española. Ecuación navarra: mucho territorio, poca población y nivel de riqueza helvético. «Todos nuestros problemas políticos son importantes, está claro que a la gente le importa qué partido ganará las elecciones, si la Unión del Pueblo Navarro, o una discutible coalición de los socialistas con Nafarroa Bai, pero la verdad es que lo que hoy importa más a muchas familias de la clase media es decidir si las vacaciones de Navidad las pasarán en Tailandia o en Kenia, porque aquí se vive muy bien», me confesaba la periodista Inés Artajo, directora del influyente *Diario de Navarra*, en diciembre de 2006, mientras en Madrid los almuecines de la derecha anunciaban la inminente desintegración de España.

Con algo más de 2,3 millones de habitantes, casi el 5 % de la población española, el País Vasco produce el 6,1 % del PIB y su renta per cápita significa el 125,5 % de la media española, porcentaje también helvético. La fusión o articulación de los dos territorios supondría una agregación de casi tres millones de habitantes (la población de la ciudad de Madrid), una cuota del 7,8 % del PIB (la cuarta aportación a la riqueza nacional española por detrás de Catalunya, Madrid y la Comunidad Valenciana), con un nivel de vida de primera división europea, el más alto de toda la península, sólo superado, en términos estadísticos, por la renta per cápita de Madrid, que, según los últimos informes, supondría en estos momentos el 131% de la media. De la fusión, articulación o coordinación de Navarra y el País Vasco seguramente no surgiría el embrión de una nación independiente, sino que nacería el Gran Luxemburgo español. La Gran Excepción: la adaptación operativa de los fueros —los privilegios aceptados y consagrados por el Estado una vez concluido el ciclo de las tres guerras carlistas— a los inciertos retos del siglo XXI.

La articulación vasco-navarra daría una mayor escala a la capacidad de competición económica de ambas comunidades, dotadas de una ventajosa política fiscal, más acentuada en el caso de Navarra en lo que se refiere al régimen jurídico de las herencias. Se crearían también las condiciones para el surgimiento de un potente polo financiero articulado por las actuales cajas de ahorro forales, cuya fusión en una sola entidad está ya medio en marcha en el País Vasco. Teniendo en cuenta la fuerte organicidad de los consejos de administración de las cajas con los respectivos poderes forales, queda claro que estamos hablando de una cuestión medular, no sólo a efectos económicos, sino también políticos.

Una nueva entidad financiera cimentada sobre los cuatro territorios forales supondría una muy importante novedad en el mapa económico español, como seguramente ya deben de haber calculado en Barcelona los perspicaces directivos de La Caixa, cuya presencia en el País Vasco es más que notable. Con una fuerte red de oficinas en el territorio vasco, La Caixa es el gran competidor de las cajas de ahorro vascas. En pocas palabras, la economía vasco-navarra ganaría escala y pasaría a disponer de unos instrumentos más potentes para actuar e influir en el marco español, hoy hegemónicamente dominado por lo que aún podríamos denominar oligarquía madrileña. La retórica de corte nacionalista huye como gato del agua de cualquier referencia a las oportunidades y ambiciones que hoy contiene el marco español, como si el único horizonte de la economía vasca o catalana fuese el «exterior»: Europa, China o el ancho mundo.

La apelación continua al vuelo «exterior» es un buen recurso propagandístico, puesto que ahonda en el tópico de una España cutre y atrasada, una España que «no vale la pena», pero la realidad circula en otra dirección: pese a la crisis, que será grave, larga y duradera, España es hoy una de las economías importantes de Europa, se ha constituido en plataforma transatlántica de gran potencia, de alguna manera está «reunificando» el marco peninsular, y comienza a influir económicamente en el norte de África. Dicho en pocas palabras, España ha recuperado, en cierta medida, la dimensión «subcontinental» que con tantas arbitrariedades, tensiones y amarguras le proporcionó el imperio. Nadie con dos dedos de frente se coloca de espaldas ante tal realidad. España está hoy en crisis. Es verdad. Todo Occidente está en crisis. Y en tiempos de crisis ninguna oportunidad puede echarse a perder. ¿Qué empresario catalán desdeñará hoy el mercado español? ¿Qué joven profesional de Barcelona no se planteará trasladarse a Madrid, o a Valencia, o a Zaragoza, si allí encuentra una oportunidad? ¿Rechaza acaso la cadena Eroski (cooperativas de Mondragón) las oportunidades que le ofrece el mercado español? ¿Acaso la BBK, la caja de ahorros vizcaína, controlada por el Partido Nacionalista Vasco, no ha invertido en la Costa del Sol, a riesgo de pillarse los dedos en la Babilonia meridional? ¿Acaso no lo hará la futura Euskadiko Aurrezki Kutxa (la caja de ahorros vasca unificada), si se le presenta ocasión para ello?

La definitiva internacionalización de la economía ha abierto posibilidades imposibles de soñar en el siglo XIX, cuando cristalizaron los grandes mercados «nacionales». La internacionalización de la economía obliga a estar en el mundo y de alguna manera deshilacha la vieja cohesión nacional-estatal. Le hace perder densidad y coherencia. Es verdad. Pero la incertidumbre de la crisis genera ahora movimientos en dirección contraria: ninguna oportunidad puede ser desechada; hay que poder ir a trabajar a Helsinki, pero también a Lorca o a Badajoz. La crisis de 2008 —el *crash* bursátil de octubre de 2008— es posible que haya roto con la aparente dimensión «ageográfica» de la globalización. La internacionalización de la economía no tiene vuelta atrás, pero la crisis obliga a revalorizar lo que está más al alcance de la mano, del puente aéreo, de la autopista, o del AVE. Lo veremos con mayor claridad en los próximos tiempos.

El mapa vasco-navarro, por consiguiente, tiene una lectura no apocalíptica; una lectura realista y rabiosamente actual. Pero el acercamiento de esos dos mundos también plantea numerosos problemas y tensiones, no menos reales, no menos actuales. El primero de ellos es el del equilibrio de fuerzas. El País Vasco es más potente. «Mucha gente en Navarra no quiere que nuestra economía sea dirigida por las cooperativas de Mondragón», también me confesaba Inés Artajo, directora del *Diario de Navarra*, en vísperas de las últimas elecciones autonómicas. Hay motivos serios para el recelo. Uno de los antecesores de Artajo en el cargo, el veterano periodista José Javier Uranga, por ejemplo, tiene motivos más que fundados para recelar del expansionismo vasco. Uranga, que fue director durante treinta años del diario que leen casi todas las familias navarras, recibió veintisiete balazos de ETA en 1980. Salvó milagrosamente la vida, al ladear el cuerpo mientras los terroristas disparaban. Le salvaron la vida en la Clínica Universitaria de Navarra, el gran centro médico del Opus Dei.

Efectivamente, la economía vasca tiene nódulos más potentes. La unificación o engarce de las dos comunidades también excitaría otra rivalidad, muy poco comentada, pero extraordinariamente importante: la santa competición entre la Compañía de Jesús y el Opus Dei. Dicho en pocas palabras y forzando la toponimia: el País Vasco es de los jesuitas, y Navarra, del Opus Dei. Unos tienen la universidad de Deusto y los otros, la de Navarra. Unos, ESADE; los otros, IESE. Unos han influido siempre sobre el nacionalismo vasco; los otros son hoy una referencia inexcusable para el regionalismo navarro. Unos han perdido peso en Roma, y los otros conservan en el Vaticano la fuerza que adquirieron durante el pontificado de Juan Pablo II. Unos y otros desempeñan un papel muy importante en la formación de las elites españolas. Sin la Compañía de Jesús y el Opus Dei no se entiende la España de hoy. Ciento cincuenta kilómetros les separan. ¿Podrían convivir bajo un mismo marco político-institucional?

Queda finalmente la cuestión de la lengua, de muy difícil gestión puesto que sólo una parte de Navarra conserva el euskera como lengua materna. Y el resto de la población no quiere saber nada, o poco, de la lengua que tanto influyó en la formación del castellano. No es fácil el engarce. Pero algo se mueve. Así que no perdamos de vista el Gran Luxemburgo hispánico. Y para ello, nada mejor que repasar las crónicas del último debate presupuestario en el Parlamento español. Las cuentas del Estado para 2009 fueron aprobadas gracias al voto del Partido Nacionalista Vasco y la abstención de Unión del Pueblo Navarro (y el voto favorable, también, del Bloque Nacionalista Gallego). Nacionalistas vascos y tradicionalistas navarros, tan distintos y tan distantes, se han encontrado en la plaza mayor de la «gobernabilidad» española, a cambio de transferencias y adiciones muy interesantes al estatuto especial que ambos disponen. El Estado ha dado prioridad a la Y ferroviaria vasca y va a acelerar las obras del AVE en Navarra, que conectará la red vasca de alta velocidad con la línea Madrid-Zaragoza-Lleida-Barcelona. Es decir, el corredor del Ebro con el corredor Atlántico. Pamplona, ciudad logística. Mapas. Mapas.

El Gran Luxemburgo es una quimera, pero... existe. Está ahí, en la historia de España, en la Constitución de 1978, y en la actual dinámica política. En la deriva de España.

DOSTOIEVSKI EN LA CASA DEL PADRE

El corresponsal del diario The Guardian *en Madrid, Giles Tremlett, es un buen observador de la realidad española. Distante, sin fría exageración, irónico, bien informado. Un buen periodista británico. Tremlett publicó en noviembre de 2006* España ante sus fantasmas, *un libro que hay que tener muy en cuenta, puesto que el apresurado final de fiesta de la economía es un momento propicio para el retorno de algunos fantasmas.*

En el primer capítulo, Tremlett dibuja la orografía española y le da un sentido político. Describe así el panorama básico: «Extensas cadenas montañosas y anchos ríos partían el país en pequeñas secciones prácticamente aisladas. El viajero del siglo XIX *Richard Ford los llamó "muros y fosos". La geografía impedía que los españoles tuvieran contacto entre sí [...]. Pero la nueva España ha hecho mucho por demoler estas barreras. Los fondos de la Unión Europea han contribuido a agujerear las montañas para que las atraviesen las autopistas y trenes de alta velocidad. Ahora los españoles ven los mismos culebrones y las mismas interminables "galas" del sábado por la noche. Están menos distanciados y son más homogéneos que nunca. También están más dispuestos a discutir sobre si tienen algo en común».*

Una de esas autovías que han agujereado montañas es la del valle navarro del Leizarán. Costó sangre, sudor y lágrimas en los años ochenta. Costó varios atentados de ETA, que vio en la protesta ecologista por el impacto ambiental de la carretera un goloso objetivo con el que alimentar la adhesión sentimental de sus jóvenes simpatizantes, biográficamente cada vez más distantes del fantasma del franquismo. Ante los ojos de muchos adolescentes vascos, ETA defendía la «casa del padre», amenazada por el mundo y sus desórdenes; por lo español y sus ímpetus. Muchos de ellos seguramente habían leído en la ikastola un impactante poema de Gabriel Aresti, del libro Herri eta harri *(«Piedra y pueblo»), publicado en 1964. Un poema que dice así:*

> *Defenderé*
> *la casa de mi padre*
> *contra los lobos,*
> *contra la sequía,*

contra la usura,
contra la justicia
defenderé
la casa
de mi padre.
Perderé
los ganados
los huertos
los pinares
perderé los intereses
las rentas
los dividendos
pero defenderé la casa de mi padre.
Me quitarán las armas
y con las manos defenderé
la casa de mi padre.
Me cortarán las manos
y con los brazos defenderé
la casa de mi padre.
Me dejarán sin brazos
sin hombros
y sin pechos
y con el alma defenderé
la casa de mi padre.
Me moriré,
se perderá mi alma
se perderá mi prole
pero la casa de mi padre
seguirá en pie.

Un poema de expiación que, en mi opinión, contiene algunas de las claves de la fuerte adhesión de la joven generación vasca de los años sesenta al nacionalismo, a un nacionalismo que pronto desbordó las ambivalencias del Partido Nacionalista Vasco. ¿Cuál era esa clave? Vindicar al padre, vengar al padre, humillado por la triste derrota que sufrieron los gudaris en la Guerra Civil. Recordémoslo: el cinturón de hierro de Bilbao cayó sin heroicidad, sin ninguna grandeza. Bilbao fue vilmente traicionada por un nacionalista vasco. Los planos de las defensas fueron entregados al enemigo por el mismo hombre que había dirigido los trabajos de fortificación: el ingeniero Alejandro Goicoechea, impulsor años más tarde, bajo la protección del franquismo, del tren Talgo (acrónimo de Tren Articulado Ligero Goicoechea-Oriol).

Había más motivo para la tristeza en casa del padre. La rendición de Santoña también fue humillante. Ocurrió en agosto de 1937. Después de haber negociado en secreto durante meses mediante la intercesión del papa Pío XII, los batallones del Partido Nacionalista Vasco intentaron rendirse a las tropas italianas que habían tomado Santander, a cambio de un trato generoso, que incluía la evacuación por vía marítima de dirigentes políticos, funcionarios y los oficiales que así lo deseasen. Dos buques ingleses, el Boby *y el* Seven Seas Spray, *tenían que sacarles de aguas españolas. El armisticio, sin embargo, fracasó. Enterado del pacto, Franco se negó en redondo a que los gudaris vascos quedasen bajo la autoridad de las tropas fascistas italianas. Ni el Papa, ni Mussolini debían entrometerse en la «Cruzada». La rendición de los gudaris católicos debía ser incondicional. El pacto, negociado por Juan de Ajuriaguerra, presidente del Bizkai Buru Batzar, a espaldas del Gobierno de la República, y según algunas versiones, a espaldas también del presidente vasco Jesús Aguirre, aceleró la caída del norte peninsular en manos de los franquistas. Miles de combatientes fueron internados en el penal santanderino del Dueso. Se dictaron 510 penas de muerte.*

El pacto de Santoña quedó en el olvido, porque a las dos partes les perjudicaba. Para el Gobierno de la República significaba admitir que el frente se estaba deshilachando, en un momento en que dirigentes de Esquerra Republicana de Catalunya también alimentaban en Barcelona la fantasía de una paz por separado. Y a Franco no le interesaba que llegase a conocimiento de la prensa europea su pugna con los italianos y el deseo de Mussolini de tener un papel autónomo en la guerra española. Todos callaron, comenzando por el PNV, que era quien más tenía que esconder.

Pocas veces se ha escrito sobre ello, pero es interesante comparar el final de la Guerra Civil en el País Vasco con el de Catalunya. Catalunya es escenario del último gran esfuerzo militar de la República, dirigido con mano de hierro por los oficiales comunistas. Faltan hombres para la ofensiva del Ebro y se ordena la recluta de muchachos de diecisiete años, la famosa «quinta del biberón». Ya no estamos en los primeros meses de la guerra, en la fase romántica de los batallones voluntarios de milicianos y milicianas, en la fase Ken Loach, celebrado director de la película Tierra y Libertad. *En las unidades comandadas por Líster, Tagüeña y Modesto impera la disciplina. La disciplina soviética. Cualquier falta grave puede ser castigada con el fusilamiento. Hay deserciones, claro está, pero los jóvenes catalanes van al combate, cumpliendo con las órdenes de su legítimo Gobierno. Muchos mueren en el Ebro y quienes logren sobrevivir a la derrota, volverán a casa sin juventud y marcados para toda la vida. Casi el mismo año en que Gabriel Aresti componía el poema* Defenderé la casa del padre, *un poeta catalán llamado a filas a los diecisiete años, el badalonés Josep Gual Lloberes, escribía* Les sabates d'en Jaume.

Avui he tornat
a la serra de Pàndols
i a la cova he trobat
les sabates d'en Jaume.
Un forat a les soles
i una pinta de bales,
dins un plat enfangat
tres cascots de metralla.

Des de l'any trenta-vuit
jo no havia tornat
a la serra de Pàndols
i a la cova han quedat
les sabates d'en Jaume.

En el poema de Gual, compuesto en 1963, no hay rastro de humillación y deshonra. En el Ebro, los imberbes soldados catalanes lucharon hasta la última bala, teniendo enfrente a otros catalanes, los voluntarios del Tercio Nuestra Señora de Montserrat. Con tremenda y cruel astucia, Franco lo quiso así: catalanes contra catalanes. Se luchó hasta la extenuación. Y la tragedia fue enorme. Tan grande, tan contundente que de ella ha surgido seguramente la mejor literatura sobre la Guerra Civil. Manuel Vázquez Montalbán sostenía que Les sabates d'en Jaume, *transformado en canción por Teresa Rebull, es uno de los poemas más conmovedores que se han escrito sobre la guerra española, por su claridad y sencillez. Y a medida que pasa el tiempo, la novela* Incerta glòria, *de Joan Sales, recientemente reeditada en lengua castellana, se reafirma como el relato más profundo de la* Guerra *Civil. Miles de jóvenes catalanes fueron llamados a filas cuando ya todo estaba perdido para la República. Y obedecieron a su Gobierno. Los que no murieron regresaron a casa con el tormento de Dostoievski. Como Joan Sales, alférez de la Escola de Guerra de la Generalitat, militante comunista en sus años de estudiante universitario. «La guerra ha sido para mí la gran experiencia de mi vida, lo que más me ha interesado, lo que más me ha apasionado. El escritor debe constituirse en testimonio de la verdad», escribiría Sales años más tarde, después de haber traducido al catalán a tres grandes narradores del drama humano, Fedor Dostoievski, Nicos Kazantzakis y François Mauriac. Superadas sus fiebres juveniles, Sales abrazó el existencialismo católico y fue un tenaz activista cultural del catalanismo. Y un gran editor. El editor que descubrió el talento de Mercè Rodoreda.*

Sufrieron, perdieron la juventud y volvieron a casa con el vivo deseo de que todo aquello no se volviera a repetir. En ese momento, en el «momento Dostoievski» (años cuarenta y cincuenta), comenzaron a fraguarse en el interior de la sociedad catalana unos ideales, una moralidad, unas actitudes de fondo —y unos temores, también— que tendrían una gran cristalización en la fase final del franquismo. Catalunya fue importante en la Transición. Muy importante. Empujó y a la vez frenó. Excitó el cambio y a la vez lo atemperó. Evitó que el resentimiento por la derrota generase violencia política —a diferencia del País Vasco, todos los embriones de «lucha armada» han fracasado en Catalunya, han fracasado estrepitosamente...—, reactivó el viejo pactismo y favoreció la existencia de un liderazgo político de carácter patriarcal: primero Josep Tarradellas y después, durante veititrés años, Jordi Pujol. Hoy nadie duda en Catalunya que si Pujol no se hubiese dejado convencer por su círculo más inmediato para que procediese al relevo, habría obtenido una nueva reelección. El liderazgo de carácter patriarcal todavía no ha encontrado sustituto entre los catalanes: Pasqual Maragall lo intentó, pero se quedó sin combustible. José Montilla también lo intenta, pero no está claro, a fecha de hoy, que logre imponer su perfil de presidente serio, discreto y gestor.

Nuevas generaciones, sin embargo, emergen en Catalunya y en el País Vasco. Con una paradoja interesante: puede que haya cierto intercambio de papeles. Entre los vascos, el resentimiento por la derrota, por la humillante derrota, hizo estragos y acabó alimentando a ETA, impulsada, a su vez, por otros poderosos nutrientes ideológicos. No todo es atribuible al trauma de Santoña. La nueva generación vasca llega con hondos deseos de pacificación. El liderazgo de Josu

Jon Imaz en el Partido Nacionalista Vasco —provisionalmente truncado— presentaba esta interesante característica. La nueva generación nacionalista vasca sigue amando la casa del padre, pero está harta de dolor y de amputaciones. Una parte de la nueva generación catalanista, por el contrario, acaricia ahora la fantasía vindicativa. Sueña con la idea de llevar las cosas al límite. Quiere ir más allá del pragmatismo de sus padres y corre el riesgo de quedar en dolorosa minoría. Puede propiciar, incluso, cierto estropicio social. Dostoievski va quedando atrás.

9

SUCEDE EN CATALUNYA

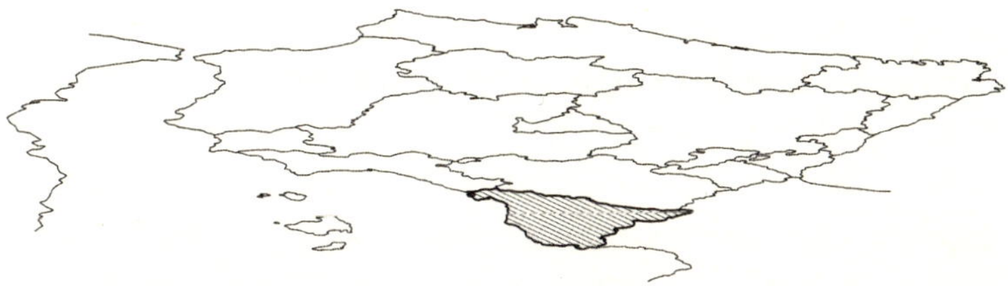

«No os mováis antes de considerar el equilibrio de las fuerzas.»

SUN TZU, *El arte de la guerra.* Siglo V a.C.

En Catalunya sucede lo siguiente: la segunda sociedad metropolitana de la península se siente venida a menos. Injustamente venida a menos. Y enfadada consigo misma, porque su reacción ante el declive no acaba de gustarle. Le falta fuerza, empuje y capacidad de resolución. Carece de buenos aliados y cuando se equivoca —con frecuencia— las risas de los espectadores retumban malamente en sus oídos.

El «subsistema catalán», como diría el periodista Miguel Ángel Bastenier (mi primer y exigente director en el diario *Tele/eXprés*, allá en los años setenta), se siente maltratado, cuando no insultado por el sector más desagradable y chillón de la opinión pública española. Mal defendido por quienes en Madrid y en otras ciudades españolas dicen ser sus amigos. Y menos beneficiado por la gran oleada de prosperidad española que ha permitido al Gran Madrid expandirse planetariamente, a Valencia salir con brillantez de su tenue ostracismo, a Andalucía y Extremadura, blindadas por el discurso moral de la solidaridad, lanzarse en brazos de la paradoja de la satisfacción, y al País Vasco y Navarra, el Gran Luxemburgo hispánico, asentarse en los dulces beneficios que le garantiza la excepción fiscal del siglo XIX.

«Cornut i pagar el beure», se dice en catalán, idioma siempre mercantil. «Cornudo y apaleado», se suele decir en castellano, lengua siempre referida al honor de los hombres y las cosas. El catalán paga religiosamente la cuota mensual de la comunidad, pero sus vecinos apenas le saludan por la escalera y no acostumbran a invitarle a sus fiestas. Le recriminan sus aires de suficiencia. No les gusta que siempre esté pendiente de sus asuntos. Les repele que alterne el castellano con una lengua distinta, que cuesta de entender cuando se habla deprisa. Y le han montado un pollo por querer cambiar el reglamento de la comunidad. ¡Qué se ha creído! El catalán medio, que paga puntualmente todas las cuotas, sin poder acogerse a la renta antigua de los del ático primera y segunda (vascos y navarros), sin derecho a dúplex como los madrileños del soleado sobreático, y sin la ayuda del Ayuntamiento, como los andaluces y extremeños que habitan en los bajos, se siente perjudicado. Muy perjudicado.

En Catalunya también pasa lo siguiente: es la sociedad más democrática de España. (Que nadie se excite más de la cuenta, en las líneas que siguen, explicaré por qué es así.) Es Catalunya la sociedad más hanseática de España. Es la sociedad de las clases medias sindicadas, en La Caixa, en el Barça, en el RACC, en las mutuas, en el monasterio de Montserrat y en las páginas del diario *La Vanguardia*. Es Catalunya la república de las pequeñas y medianas empresas (más de seiscientas mil sociedades mercantiles con menos de doscientos empleados). Es la Holanda del sur y como en los Países Bajos tanta horizontalidad excita la competición de las pequeñas diferencias. En ausencia de un patriarca capaz de representar a todos y ordenar el juego, la catalanidad tiende a la fragmentación política. Catalunya, amable, discreta, burguesa, se halla ahora en perenne litigio. Es un mundo en sí mismo. Es una nación. Y es también, no le vamos a quitar la razón al maestro Bastenier, el segundo subsistema ibérico. O el tercero, según cómo establezcamos la comparación con Portugal. En la península, escribió Fernando Pessoa, hay tres naciones en dos estados.

En Catalunya, decíamos, sucede lo siguiente, a la holandesa manera: el arco parlamentario lo integran en la actualidad ocho grupos políticos, el mismo número que en el Parlamento de La Haya. Los socialistas, federalizantes y medio independientes de Madrid (PSC); los independentistas que no siempre lo fueron (ERC); la coalición de ecologistas y ex comunistas, entre el viejo obrerismo y la izquierda radical chic (ICV-EUiA); la federación nacionalista-católica, el gran conglomerado de Jordi Pujol (CiU); la delegación catalana del centroderecha español (PPC), y los jóvenes neoespañolistas (Partido de la Ciudadanía-Ciutadans). No hay una mayoría clara. Los socialistas gobiernan junto con los independentistas y los ex comunistas-ecologistas. Pero también cabría la posibilidad de una mayoría alternativa formada por la federación nacionalista-democristiana y los independentistas. La política catalana es holandesa en las proporciones e italianizante en los enredos. Matizada, siempre matizada. De este Parlamento fragmentado y sin claro liderazgo salió en septiembre de 2005 la iniciativa más atrevida y ambiciosa de los últimos veinticinco años en España: una reforma del Estatuto de Autonomía que reinterpretaba en clave federal, y en algunos de sus pasajes en clave confederal, la Constitución española de 1978.

En la Catalunya mosaico también pasa lo siguiente: los dos grandes partidos políticos españoles acuden periódicamente al subsistema del noreste para recabar apoyos y ventajas tácticas en su espesa lucha. Así lo determina la ley electoral general, cuya proporcionalidad provincial está blindada por el artículo 68 de la Constitución. Al comenzar su declive, Felipe González encontró el apoyo del patriarca Jordi Pujol, que no lo extorsionó, pero le exigió dos cosas: margen para matizar la política económica (fortaleciendo así la respetabilidad centrista de CiU) y que frenase a los socialistas catalanes en su afán de conquistar la presidencia de la Generalitat. Fue ese el verdadero final de Narcís Serra como vicepresidente del Gobierno español.

Cuando vio que la derrota de González era inevitable, Pujol le dejó caer y ofreció apoyo a José María Aznar, que hablaba catalán en la intimidad. Tampoco lo extorsionó. Al líder de la renacida derecha española también le pidió margen para matizar la política económica (siempre el prestigio de la marca CiU como «partido de Catalunya»), las competencias de tráfico para los Mossos d'Esquadra (refuerzo del imaginario nacional) y que mantuviese a raya a los socialistas, entonces sumidos en una grave crisis de liderazgo.

Aznar cumplió y al cabo de cuatro años conquistaba la mayoría absoluta en el Congreso y en el Senado. Las tornas cambiaron. En 2000 era Pujol quien necesitaba el apoyo de los populares en el Parlament. Por primera vez en veinte años, el «partido de Catalunya» (afortunada expresión de la historiadora italiana Paola Lo Cascio, autora de un interesante ensayo sobre la política catalana entre 1980 y 2003) se hallaba en serios apuros. Los socialistas catalanes, con el ex alcalde de Barcelona, Pasqual Maragall, al frente, habían estado a punto de derrotarle. Comenzaba a fraguarse la posibilidad de una mayoría alternativa de los socialistas con un viejo partido catalanista, la Esquerra Republicana de Francesc Macià y Lluís Companys, que renacía y tomaba fuerza entre los jóvenes nacionalistas con ganas de cambio. Con ganas, también, de disputarle el puesto a los altos funcionarios convergentes.

Pujol podía haber ofrecido una coalición a los socialistas, pero prefirió enrocarse. («El PSC, que ya se negó a gobernar con Pujol en 1980, esta vez no habría podido decir que no, y yo habría quedado fuera de juego», me confesó en el verano de 2005 Pasqual Maragall en su casa veraniega de Rupià mientras se preparaba para el psicodrama del nuevo Estatut, consciente de que el PSOE ya pedía su cabeza.) Pujol quiso ganar tiempo con el PP y ello cambió algunas cosas importantes en España.

En Catalunya, por lo tanto, pasó lo siguiente en 2003: los socialistas llegaron a la conclusión de que la ruptura del pacto del centroderecha español con el centroderecha catalán, del nacionalismo español con el nacionalismo catalán, era la piedra de toque para romper la hegemonía aznariana, que amenazaba con durar dos decenios si lograba mantener el viento de la economía a su favor. La dirección del PSOE estuvo de acuerdo con este análisis: había que romper el eje Aznar-Pujol.

Aznar comenzaba a sentirse un gran estadista. Tensó la cuerda con los vascos y acariciaba la idea de fragmentar el nacionalismo catalán mediante un doble movimiento: excitar a Esquerra e intentar atraer a los moderados de CiU a su campo. La idea de una alianza a la bávara (el pacto CDU-CSU en Alemania) con el catalanismo moderado estaba en su cabeza. Una reforma de la ley electoral que estableciese una mínima cuota de voto en todo el territorio español podía obligar a CiU a dar ese paso. La regionalización de CiU podía anclar al centroderecha español en el poder por muchos años.

Los socialistas decidieron romper ese eje con un afilado ariete: la reforma del Estatut de Catalunya. La modificación del texto estatutario era una reclamación de Esquerra Republicana, de la que nadie, por el momento, había hecho mucho caso. Con el visto bueno de la calle Ferraz, el PSC apoyó la iniciativa y colocó a CiU ante una contradicción casi insalvable. O la alianza con el PP, o la ampliación de la autonomía. Obligado por este movimiento táctico, el nuevo líder socialista José Luis Rodríguez Zapatero cometió un serio error, un error de largo recorrido: en otoño de 2003, prometió públicamente en Barcelona que, en caso de gobernar, aceptaría la reforma del Estatut que decidiese el Parlament. O bien Rodríguez Zapatero no tenía ni puñetera de la historia de Catalunya de 1901 hacia adelante, o bien estaba convencido de que aún quedaba lejos la hora de su acceso al poder. La palabra estaba dada y muchos catalanes, muchos, le creyeron. Al cabo de unos meses, saldadas las elecciones autonómicas con un nuevo empate entre convergentes y socialistas, en el Parlament «holandés» del parque de la Ciutadella se fraguaba la coalición tripartita PSC-ERC-ICV-EUiA, la liga hanseática de las izquierdas. El pacto PP-CiU quedaba roto. Los populares iban camino de quedar aislados en el Congreso de los Diputados y Convergència, sin apenas margen de maniobra, era un rey ahogado en el tablero de ajedrez.

En Catalunya, de manera inesperada, pasó entonces lo siguiente: al vencer Zapatero las trágicas elecciones generales del 14 de marzo de 2004, todo se precipitó. Quienes estaban ahogados comenzaron a respirar y se les complicó la vida a quienes se las prometían muy felices. Aznar ya no era excusa. La nueva coalición gobernante en el Palau de la Generalitat tenía la obligación de cumplir con el mandato electoral de redactar un nuevo Estatut. Y el PSOE se hallaba en la obligación de aceptarlo... ¡en su integridad! Palabra de Zapatero. CiU se zafaba del jaque mate: su misión sería ahora exigir el cumplimiento de la palabra dada... o pactar con Zapatero la muerte del tripartito y la expulsión de Maragall a las tinieblas exteriores. Eso último fue, más o menos, lo que pasó, no sin gran enredo. Un enredo veneciano: todos con la máscara puesta.

El enredo fue grande, sí, y como consecuencia de él, también sucedió lo siguiente en Catalunya: la aprobación del nuevo Estatut en el Parlament tuvo gran impacto en la opinión pública española, sometida a la continua tensión de una derecha que se negaba a aceptar la derrota electoral. Mucha gente comprendió la profundidad del movimiento: los catalanes proponían una reinterpretación de la Constitución que modificaba las reglas del juego. Lo comprendieron bien en Madrid y sobre todo en Andalucía, extraordinariamente sensible a todo lo que signifique cambiar las reglas que garantizan su paradoja de la satisfacción. «Dejemos las cosas como están» es el gran lema de los andaluces. Lo veremos un poco más adelante.

Se fragua así una intensa corriente de malhumor en toda España, especialmente aguda en las regiones meridionales. Una ola que, a su vez, aviva los prejuicios y recelos existentes en el imaginario español al menos desde el siglo XVI, cuando los catalanes se negaron a secundar la Unión de Armas del conde-duque de Olivares (se negaron a sufragar la defensa del imperio en Flandes) y a punto estuvieron de conseguir la independencia junto con los portugueses. Fue tan alta la ola del cabreo —¡qué se han creído estos catalanes!— que el PSOE pegó un tremendo bajón en las encuestas. El PP creyó descubrir el camino de regreso rápido a La Moncloa y algunos directores de medios de comunicación, el elixir de una excitada y creciente audiencia. Más de media España se puso de acuerdo: ¡leña al catalán! Dirigieron la operación Eduardo Zaplana, hábil portavoz parlamentario del PP, Pedro J. Ramírez, director del diario *El Mundo*, y Federico Jiménez Losantos, almuecín de la emisora católica Cope. José María Aznar sonreía. Esperanza Aguirre daba saltitos de alegría. Mariano Rajoy, más circunspecto, asentía. Y el cardenal Antonio María Rouco Varela bendecía. Craso error del PP. Gravísimo error del PP. (No de sus socios comerciales, que sacaron buena tajada de la patriótica aventura.)

Porque en Catalunya, el 9 de marzo de 2008 pasó lo siguiente: pese al malhumor acumulado por el enredo del veneciano Estatut, pese a las promesas flagrantemente incumplidas de Rodríguez Zapatero, pese a los apagones de luz en Barcelona, pese al fiasco de los trenes de cercanías, pese al retraso en la llegada del AVE, pese a los deseos de muchísima gente de mandar la política a freír espárragos, los socialistas obtuvieron el mejor de sus resultados en las elecciones generales. ¡Oh, sorpresa! Contradictorios y sentimentales, los catalanes no olvidan fácilmente la injuria. No la olvidan los catalanes, y no la olvidan los demás mortales, cuando ven el brillo del odio en la mirada del adversario. Destellos de ese siniestro brillo los hubo en España entre 2004 y 2008. (En correspondencia, también los hubo en Catalunya.) Y en ningún lugar está escrito que no los vuelva a haber.

El PP pagó severamente las consecuencias de esa ancestral táctica ibérica del «choque del carnero», la misma que empleó Franco en la batalla del Ebro, para convertirla en una gran carnicería; esa fatal reverberación del fanatismo mahometano, que diría Fernando Pessoa. Por el rechazo masivo de Catalunya, Rajoy volvió a perder las elecciones en marzo de 2008. Su asesor de cabecera, el sociólogo andaluz Pedro Arriola, le dio un consejo a pelota pasada: «Mariano, la corriente de fondo se mueve a tu favor, a la tercera puedes ganar, pero debes evitar que en Catalunya vuelva a coagular el voto anti-PP». Arriola recetó desdramatización y desde aquel día los almuecines se la tienen jurada.

Y en Catalunya sigue pasando lo siguiente: la política ha generado una profunda decepción. Irritación, incluso. Sensación de engaño. El sentimiento de desafección respecto a los partidos es muy alto. El servicio de estudios sociológicos de la Generalitat publica periódicamente un índice de satisfacción con la política, que desgraciadamente no tiene correspondencia en el Centro de Investigaciones Sociológicas del Gobierno español. La comparación sería muy interesante. Desde junio de 2005, fecha en la que comenzó a publicarse el índice, la curva sube sin descanso. En julio de 2008, cuando comenzaban a manifestarse los primeros síntomas serios de la crisis económica, el gráfico había alcanzado su cima más alta: el 68,2 % de los catalanes se declaraban insatisfechos con la política.

Casi tres cuartas partes de los ciudadanos de Catalunya están, en mayor o menor grado, *emprenyats* con los partidos políticos. Hay un hartazgo difuso, bastante alejado de las pasiones militantes que se perciben en Madrid y en otras regiones de España entre simpatizantes de la derecha y de la izquierda, que muestran una notable integración en el sistema. La desafección catalana convierte cada convocatoria electoral en una gran incógnita. El propio Estatut fue víctima de este oscilante estado de ánimo. Desconcertados todos por el carnaval veneciano, menos de la mitad del censo acudió a votar en el referéndum de junio de 2006 que debía ratificar la reforma de la autonomía. Era un momento importante, puesto que el texto debía ser sometido a la consideración del Tribunal Constitucional. Los magistrados recibieron un Estatut que sólo había convocado a las urnas al 49,4 % del censo. Más de la mitad de los catalanes con derecho a voto (50,6 %) se quedaron en casa. Con estos datos en la mano, se comprende que la sentencia del alto tribunal no levante barricadas en el paseo de Gràcia.

Muy maltrecho el prestigio de la política, en Catalunya sucede, sin embargo, lo siguiente: el catalanismo se mantiene como principal vector de la vida pública. Manda en la administración, evidentemente, pero también en el foro ciudadano. Su hegemonía es muy amplia. Extensa y duradera. Ni a principios del siglo XX, ni durante la República, ni, por supuesto, bajo el franquismo, el catalanismo había disfrutado de un dominio político e ideológico tan amplio. Ya no hay radicales españolistas (los radicales de Alejandro Lerroux), ni cenetistas sin patria que le disputen el dominio de eso que ahora, con mucha finura, llamamos el espacio público, y que antes era la fábrica, la calle, el ateneo o el café. El catalanismo es la corriente principal de la sociedad catalana. Fuera de ella, más que anticatalanismo, lo que hay es un variable sentimiento de desvinculación, una indiferencia graduable. La hostilidad manifiesta es muy minoritaria. Este dato es fundamental para comprender bien la sociedad catalana contemporánea.

El último intento de construir un vector anticatalanista se ha saldado con un provisional fracaso. Después de obtener tres diputados en el Parlament, el partido Ciutadans se ha deshinchado, por falta de liderazgo y coherencia. La construcción de un partido político no es una tarea fácil. El lanzamiento de un nuevo partido requiere que sus primeros espadas estén al frente. Y a quienes idearon Ciutadans les dio pereza ponerse al frente. No se atrevieron. Es más cómodo y satisfactorio escribir contra el nacionalismo catalán en la prensa de Madrid, o dirigir temporadas teatrales por encargo de la señora Esperanza Aguirre. El anticatalanismo con firma catalana se cotiza mucho en Madrid. Es una prometedora oportunidad profesional. Con todo, es muy probable que Ciutadans tenga una segunda fase gracias a la capacidad de arrastre de Unión Progreso y Democracia (UPyD), de Rosa Díez y Fernando Savater, partido que puede obtener buenos resultados en las elecciones europeas.

Ya que en Catalunya también sucederá lo siguiente: la crisis económica pondrá a prueba el consenso de la población de origen no catalán con el marco catalanista dominante. La transición selló una dinámica que ha durado casi treinta años: la inmensa mayoría de la población castellanohablante aceptó como signo de progreso social la adopción del catalán como lengua vehicular en la enseñanza. Sé de lo que hablo. He nacido y he vivido más de veinte años en Badalona, la tercera ciudad de Catalunya en número de habitantes y receptora de inmigrantes desde principios del siglo XX. Badalona no ha cesado jamás de cambiar. Badalona es uno de los grandes laboratorios sociales de España. En Badalona nadie protestó —nadie, absolutamente nadie—, el día que el Ayuntamiento, gobernado por comunistas y socialistas, rotuló todas las calles de la ciudad en lengua catalana. Con una traducción discutible incluso: de la noche a la mañana, la calle Nuestra Señora de Lourdes, en el barrio obrero de Llefià, se transformó en Nostra Senyora de Lorda. Principios de los años ochenta. El diario *El Mundo* aún no había nacido para publicarlo en portada. Nadie protestó porque la adopción del catalán como marco de referencia era visto, hace veinticinco años, repito, hace veinticinco años, como un signo de apertura mental y de progreso social.

La cuestión, la gran cuestión, es saber si en los próximos años, inmersos en una crisis económica que golpeará duramente a los trabajadores, sobre todo a los trabajadores jóvenes, y disminuirá bruscamente las expectativas de progreso y mejora, seguirá en pie la asociación entre catalanismo y ascenso social. En el ascensor hay serias averías. Y puede que esté a punto de quedar paralizado. Se percibe en estos momentos una doble radicalización: la de quienes creen que el catalán ha entrado en vías de extinción, por lo que hay que incrementar su protección oficial, y la de quienes comienzan a sentirse cada vez más incómodos ante la acentuación del oficialismo catalanista y se muestran sensibles al constante bombardeo mediático madrileño sobre la «persecución» del castellano. No hay que ser un lince para intuir que en un choque de trenes de estas características saldrían perdiendo los partidarios del catalán a ultranza. La posibilidad de una sociedad catalana monolingüe desapareció en los años treinta, antes de que las tropas de Franco entrasen en Barcelona imponiendo el castellano como lengua del «Imperio», contra el criterio del jefe de propaganda de Falange, Dionisio

Ridruejo, que quería que el nuevo régimen también hablase en catalán. Los jefes militares le dijeron que ni soñarlo. La propaganda falangista en catalán fue destruida antes de que las tropas del general Yagüe entrasen por la Diagonal.

Porque en Catalunya también ha pasado lo siguiente: pese a que la experiencia histórica demuestra de manera palmaria a los catalanes que la supervivencia de su lengua y su cultura sólo es posible con el pragmatismo y el pacto; pese a que ese sigue siendo el rasgo principal de su carácter, se está incubando un fundamentalismo catalanista. La horizontalidad, decíamos antes, excita el combate entre las pequeñas diferencias. La fragmentación política en la Holanda del sur ha dado la llave del arco parlamentario, durante ocho años, a un partido (ERC) insuficientemente preparado para tal responsabilidad.

En una primera fase, los dirigentes de ERC creyeron que la presión del PP y la derecha mediática madrileña les oxigenaba y les beneficiaba. Los extremos siempre se alimentan. Más tarde han comprobado que esa tensión creaba una fuerte fatiga en el electorado, especialmente entre sus simpatizantes. Por la sencilla razón de que dos polos extremos nunca son iguales. Uno siempre tiene más potencia y aguante, y a nadie le gusta perder durante demasiado tiempo. *«Pit i collons!»*, decían los de Esquerra, hasta que la máquina madrileña se puso en marcha y comenzó a ridiculizarles sin piedad. Algunos de sus diputados en el Congreso serán recordados como la gente con menos profesionalidad política que ha pisado el Parlamento español en muchos años. Josep Pla ya advirtió ese fenómeno en las Cortes republicanas de 1931. Y Agustí Calvet, *Gaziel*, director de *La Vanguardia* en los años treinta, no cesaba de advertir que todo choque frontal entre Catalunya y el resto de España en términos de nación contra nación se saldaría siempre con la derrota de los catalanes. La solución, decía Gaziel, el más lúcido de los periodistas catalanes, pasaba por Europa.

Ya estamos en Europa y en Catalunya sigue ocurriendo lo siguiente: el problema de la confrontación nacional prosigue con aparente intensidad dramática. Escribo lo de aparente muy a sabiendas, porque las corrientes favorables al pragmatismo volverán a adquirir fuerza en los próximos años. No hay alternativa. La dialéctica de la tensión extrema podría conducir a una seria fractura social interna en tiempos de crisis económica. Una incierta ruptura entre quienes creen que la independencia es la panacea capaz de curar todos los males (aproximadamente el 17 % de la población) y quienes no quieren ver más reducidos sus vínculos con el resto de la sociedad española, por razones sentimentales, ideológicas, empresariales y profesionales. En tiempos de dificultad, la gente que trabaja en el libre mercado no quiere ver reducidas sus expectativas. Otra cosa es el comportamiento de los funcionarios y empleados públicos. Que nadie se engañe sobre Catalunya. La disyuntiva en estos momentos no es o continuidad en España, o independencia. La disyuntiva real es, o continuidad crítica y tensa en España, o fractura social. O seria reacción ante la crisis económica, o marasmo prolongado. Pese a sus fallos y manifiestas debilidades, el estamento catalanista es lo suficientemente astuto para comprender que la fractura sería el principio del fin de su hegemonía. Habrá reacción. Josep-Lluís Carod-Rovira, el hombre que lanzaba hace cuatro años la ambigua e insensata consigna de boicotear la candidatura de Madrid a los Juegos Olímpicos, aboga ahora por eliminar el «antiespañolismo» en el mensaje de Esquerra. Y su principal competidor por el liderazgo de los independentistas (en el supuesto de que esta definición siga siendo realmente válida), Joan Puigcercós, habla de distinguir entre «urgencias y necesidades» ante la gravedad de la crisis económica. Así es Esquerra Republicana, el más perfecto saco de boxeo de la derecha madrileña.

¿Por qué, entonces, tanto enredo? Porque en Catalunya también sucede lo siguiente: un buen número de catalanes, cansados del patriarca Pujol, que todo lo sabía y todo lo preveía, quisieron probar por su cuenta qué tal funcionaba el *pit i collons!* Era inevitable. Catalunya es demasiado grande y compleja para un partido-régimen tan rocoso como el PNV. En la Holanda del sur, el nacionalismo también estaba llamado a la disgregación. Consumada la experiencia de la aparente radicalidad, podemos afirmar, sin ningún riesgo de equivocación, que ha comenzado en Catalunya una nueva fase de rectificación, que puede culminar dentro de dos años con el regreso de Convergència i Unió al Govern de la Generalitat, quizás en alianza con los socialistas, que pueden ver mermado su apoyo electoral por la crisis económica. Las posibilidades de reedición de un tercer tripartito existen pero tenderán a reducirse. CiU está demostrando una gran fortaleza a la intemperie. Ni socialistas ni independentistas han sabido robarle el alma al «partido de Catalunya». A los socialistas les falta capacidad de conexión emocional con las clases medias catalanas tradicionales y a Esquerra la ha faltado sobriedad, prudencia y talento. Sin embargo, el liderazgo de José Montilla como presidente de la Generalitat tiende a afianzarse. He ahí dos coordenadas que van a cruzarse: la seriedad y el afianzamiento de Montilla y la encomiable perseverancia de Convergència. Quedan dos años. Dos años de tenaz y densa competición. ¿Es eso lo que ahora la sociedad catalana más necesita?

Porque en Catalunya también ocurre lo siguiente: se está fraguando un deseo mayoritario de reconducción de las cosas y de respuesta específica a la crisis económica, dada la singularidad de la estructura económica, con un mayor peso de la pequeña y mediana empresa, del sector industrial y del comercio detallista. Al dominio financiero-inmobiliario de Madrid, Catalunya sigue contraponiendo capacidad manufacturera. Dos datos ilustran esta afirmación: el volumen de negocio de las constructoras afincadas en Madrid ascendía en 2007, antes de la crisis, a 53.418 millones de euros. El volumen de negocio de las constructoras catalanas sólo era de 3.373 millones de euros. En el campo de las finanzas, evidentemente, las diferencias también son abismales, pese a la potencia de La Caixa.

Catalunya es pequeña y mediana empresa. Catalunya sigue siendo el primer distrito industrial de la península, el 24 % de su actividad económica todavía corresponde al sector secundario (13,1 % en Madrid). Genera Catalunya cerca del 19 % del PIB español (Madrid, el 17,5 %). Y el 36 % de las empresas exportadoras españolas están ubicadas en Catalunya. Catalunya exporta más que Portugal. En contrapartida, ha descendido al cuarto puesto de la renta per cápita de las comunidades autónomas, por detrás de Madrid, País Vasco y Navarra. No hay que buscar mucho más: en ese diferencial entre el primer puesto de aportación al PIB y el cuarto puesto en la renta per cápita está una de las claves del malestar catalán, del *emprenyament*, al que dedicaremos unas páginas, más adelante. Añadamos un dato más para comprender mejor el problemático cuadro. Catalunya es la comunidad con un menor índice de funcionarios públicos por habitante. Los empleados públicos representan el 3,9 % de la población catalana, mientras que el promedio español es del 5,6 %. Valencia (4,45 %) y Baleares (4,86 %) acompañan a Catalunya en la parte baja de la tabla. Los territorios de la antigua Corona de Aragón son los menos poblados de funcionarios. Madrid se sitúa en la parte alta de la tabla (6,64 %), sólo superado por Castilla y León (6,72 %) y Extremadura (8,45 %).

Pequeña y mediana empresa (demasiado especializada en sectores de baja productividad y con problemas de asimilación de las nuevas tecnologías de la información); peso industrial (con el talón de Aquiles de la automoción); fuerte supervivencia del comercio detallista (plus para la inflación); menor peso del empleo público; relativa lejanía del binomio financiero-inmobiliario que ha dominado la vida pública española en los últimos quince años; un millón y medio más de habitantes en seis años como consecuencia de la avalancha inmigratoria; una capital cosmopolita, Barcelona, con una extraordinaria capacidad de atracción del turismo; una autonomía potente (la Generalitat maneja un presupuesto de 34.000 millones de euros y tiene en nómina a cerca de doscientos mil empleados públicos); una amplia y profunda sensación de ser objeto de un trato injusto en el reparto territorial de la recaudación fiscal del Estado; una creciente obsesión por el declive de la lengua y la cultura catalana; una ensoñación independentista que crece muy lentamente, muy lentamente, pero crece; unos sentimientos de pertenencia muy equilibrados y a la vez ambiguos (el grupo mayoritario lo forman quienes se sienten tan catalanes como españoles, un 44 % según los últimos sondeos); y la convicción, cada vez más compartida por un mayor número de ciudadanos de que la relación Catalunya-España no tiene final feliz y será crónicamente problemática. Estas son las credenciales catalanas ante la crisis económica, que se presenta muy dura en el área metropolitana de Barcelona. Tanto que puede trastocar fibras muy sensibles del consenso de los últimos treinta años.

Es lo que sucede en Catalunya, holandesa por las mañanas, italiana por las tardes. Y expectante los fines de semana. Mucha gente en España espera una reacción catalana. Algunos se atreven a afirmarlo en público y otros lo susurran. Esta vez la respuesta ha de venir del Este, del Mediterráneo. Estoy casi seguro de poder asegurar, venciendo una natural tendencia al escepticismo, que la reacción tendrá lugar. La habrá. Esperemos que el talento político esta vez la acompañe.

Me cabe el extraño honor, mérito o desgracia, pues temo que el personaje me persiga durante cierto tiempo, de haber puesto en circulación el català emprenyat. *Fue una figura de la que durante algunos meses se habló en los diarios. Corría el año 2007 y en la sociedad catalana había ganas de verificar el grado de cumplimiento de las cuantiosas promesas de José Luis Rodríguez Zapatero. Se acercaba el momento de la fatídica pregunta socialista: ¿a quién preferís, a Zapatero o a Barrabás? (¡A Zapatero!, respondió la mayoría, pese a todos los incumplimientos perfectamente verificables, porque el Partido Popular, en tiempos del tridente Zaplana-Ramírez-Losantos, había cometido la barrabasada de querer levantar al resto de España contra los catalanes). Se acercaba la fatídica pregunta y no todo estaba muy claro.*

El català emprenyat, *sin embargo, nació antes. Una tarde de octubre de 2003 rumiaba en la redacción de* La Vanguardia *cómo explicar a los lectores —y explicarme a mí mismo— el auge que comenzaba a tener Esquerra Republicana de Catalunya. Se palpaba en el ambiente que ERC iba a obtener un buen resultado en las elecciones autonómicas de aquel año. Había un fuerte descontento con Aznar y sus modales, que se proyectaba sobre Convergència i Unió, por el pacto de primeros auxilios de los nacionalistas catalanes con el nuevo campeón del nacionalismo español. Mucha gente no entendía el comportamiento del «partido de Catalunya». Escribí entonces que ERC, por su naturaleza de partido nacionalista, estaba actuando de perfecto imán de muchos malestares. Recuerdo que puse como ejemplo a los partidos comunistas occidentales de los años setenta. La gran mayoría de sus votantes no eran marxista-leninistas, ni tenían la más mínima intención de vivir como en la URSS, pero votaban comunista porque esa identidad política seguía siendo un magnético contrapunto. Simbólicamente, era la manera más contundente de ir a la contra. Escribí que con ERC podía ocurrir algo parecido, a escala catalana. Y entonces le di un nombre a esa posible condensación del malestar: el* català emprenyat. *Me puse a reír mientras lo escribía, porque recordé mi infancia en Badalona.*

Badalona es un mundo. Lo he dicho antes: es el mayor laboratorio social que hay en España. Desde principios del siglo XX es una ciudad que vive sumergida en un cambio constante. La mezcla de gentes y de hablas es continua. Badalona matiza el interesado tópico de los obreros de habla castellana por un lado —los «charnegos» sobre los que tanto se ha escrito—, y la pequeña, media o gran burguesía catalana por el otro. En Badalona obreros catalanes y castellanos (murcianos y andaluces, principalmente) comenzaron a convivir bajo el techo de la misma fábrica desde los albores de la industrialización. Hubo conflictos, es cierto. Eran mentalidades distintas. Pero al final se produjo una aleación rara e inestable, a la vez que muy sólida. El metall impur, *que diría el escritor badalonés Julià de Jòdar. Se mezclaron las lenguas, las familias y los caracteres.*

Era costumbre en Badalona, cuando llegaba la primavera, ir a comer los domingos a las pinedas de la suave sierra litoral. Cerca de una fuente, con el mar a lo lejos. Se comía, se bebía y, a veces, las conversaciones se incendiaban. Aún no se había inventado el lisinopril contra la hipertensión. En un momento determinado, alguien enrojecía, se le hinchaba la arteria carótida y parecía que iba a estallar. Falsa alarma. Oficiadas las blasfemias, desafiados los dioses y los contramaestres de la fábrica, la ira se aplacaba y la tarde acababa imponiendo su mediterránea dulzura. (En el mejor de los casos, puesto que entre los años veinte y treinta Badalona fue ciudad de barricadas y sindicalistas de acción directa.) Moría el domingo y a las seis de la mañana del lunes las sirenas de las fábricas restablecían la disciplina y aplazaban el malhumor. A ese sordo disgusto que va y viene, a esa disconformidad de fondo con el orden de las cosas, en lengua catalana le llamamos estar emprenyat. *Podría traducirse por «estar cabreado», pero no es exactamente lo mismo. El cabreo suele tener un motivo concreto y una duración limitada. Se origina, estalla y desaparece. En casos extremos, puede tener algo que ver con la furia mahometana. El* emprenyament *es mucho más difuso y es capaz de durar largo tiempo, por motivos cambiantes y superpuestos. El* emprenyament *se halla en un punto equidistante del cabreo español, la* malaise *francesa y la* insofferenza *italiana.*

En periodismo hay palabras que botan y rebotan como una pelota de goma. Como una de aquellas pelotas de goma verde que en nuestra infancia encontrábamos en las cajas de zapatos Gorila. Català emprenyat *empezó definiendo el impulso de la gente que veía en Esquerra Republicana el inédito instrumento para la expresión de un sordo y hondo disgusto, y acabó en boca de muchos, casi como una pancarta, cuando en verano de 2007 Barcelona se quedó sin energía eléctrica, los trenes de cercanías dejaron de funcionar y el AVE parecía que no iba a llegar jamás. Hubo quien imprimió pegatinas y estampó camisetas con el lema del enfado. Debo confesar que jamás se me pasó por la cabeza invocar la autoría. En periodismo las palabras dejan de pertenecerte una vez las has escrito. Sólo te las pagan una vez, y, en determinadas circunstancias, puede que seas tú el que las pagues durante mucho tiempo. Qué caray, me gustó que la gente hablase del* català emprenyat. *Todos tenemos nuestro amor propio. (Y nuestra vanidad.)*

A los socialistas catalanes no les gustó tanto. Transcurridas las elecciones generales del 9 de marzo de 2008, tuve ocasión de polemizar públicamente sobre el asunto con el señor José Zaragoza, secretario de organización del PSC. Sos-

tenía Zaragoza, un hombre poderoso en Catalunya, que el resultado electoral desmentía rotundamente la existencia de un crónico malestar catalán. El PSC acababa de obtener veinticinco diputados en el Congreso, uno de los mejores resultados de su historia, después de haber formulado la inevitable y fatídica pregunta al público elector: ¿a quién preferís, a Zapatero o a Barrabás? Decían lo siguiente los últimos carteles del PSC: «¿Indeciso? Escucha la Cope cada mañana».

Respondí al señor Zaragoza que el impactante resultado electoral del PSC no refutaba, sino que confirmaba mi tesis. El catalán medio estaba enfadado por diversos motivos. Se sentía agredido, incomprendido y deformado por el espejo cóncavo del parque del Tibidabo, que no el del célebre callejón del Gato de don Ramón María del Valle-Inclán. Al català emprenyat *no le gustaba el tono que había adquirido la política española y no acababa de gustarse a sí mismo como miembro de una sociedad política, que creía mejor y más eficiente. Alguien debía pagar la factura de tantos enfados superpuestos y el PP tenía todos los puntos, puesto que suya fue la barrabasada de querer enfrentar España entera con Catalunya. (Repito, para cualquier reclamación retengan estos tres nombres: Zaplana, Ramírez y Jiménez Losantos.) El 9 de marzo fue una fecha de expiación. Pero la procesión seguía y sigue yendo por dentro. Los datos del índice de satisfacción política del Centre d'Estudis d'Opinió de la Generalitat hablan por sí solos: en julio de 2008, cuatro meses después de las elecciones generales, el grado de desafección con los partidos políticos alcanzaba su punto más alto (68,4 %). Y nueve meses más tarde, a finales de noviembre de 2008, la encuesta del Instituto Noxa para* La Vanguardia *indicaba un lento descenso de la coalición tripartita y un rocoso avance de Convergència i Unió, pese a su vida a la intemperie. Hay malestar en Catalunya. Hay una honda inquietud.*

En mi opinión se trata de una plasmación muy específica del malestar europeo, especialmente fuerte en aquellas regiones que vivieron con intensidad la revolución industrial y que ahora ven peligrar algo más que el bienestar acumulado. Ven peligrar una forma de vida, una manera de estar en el mundo, conquistada con el esfuerzo individual, con muchas horas de trabajo y con una relativa protección del Estado. Verbigracia: el norte de Italia.

Entre las familias de antigua tradición catalana todavía hoy es común la costumbre de pertenecer a una mutua sanitaria privada, independientemente de la afiliación a la Seguridad Social. Las clases trabajadoras catalanas se pagaban el médico, el colegio de los hijos (las escuelas del Estado eran escasas y tuvieron poco prestigio hasta bien entrados los años sesenta) y el entierro (en muchas familias, desde la más tierna infancia). El emprenyament, *por tanto, es algo más que un enfado concreto ante una situación política o económica concreta. Es la expresión de un disgusto profundo ante el mundo que cambia. Sabemos que la sensación de plenitud se aleja inexorablemente, sabemos que ya no habitamos en el centro del mundo y que hemos ingresado en un tiempo en el que las ganas de trabajar y esforzarse ya no serán garantía de nada. Hay miles de millones de personas en el planeta dispuestas al trabajo y al esfuerzo por un estipendio bastante menor al nuestro. Sin necesidad de leer a Zygmunt Bauman, sabemos que ya nunca más nos sentiremos como en casa. Por eso estamos* emprenyats.

Evidentemente, este aserto vale para toda la sociedad española, pero es en Catalunya donde la religión católica más se alejó del teatral barroco y llegó a tocar con la punta de los dedos la teología luterana del esfuerzo. En Francia le llaman jansenismo. Esa idealización se ha roto.

Cabreo, malaise, insofferenza. *Tres en uno.*

10

¡MADRID Y CORRIGE ESPAÑA!

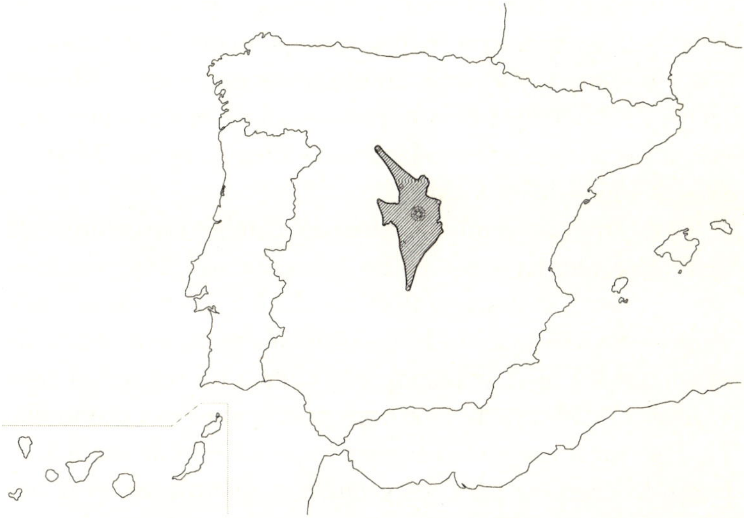

«La capital de España se ha convertido en uno de los grandes «ferropuertos» del mundo, lo cual define una nueva área metropolitana con vértices en Valladolid, Guadalajara, Tarancón, Toledo y Ciudad Real.»

RAMÓN TAMAMES, economista y antiguo dirigente del Partido Comunista de España, artículo en *Estrella Digital*

El Gran Madrid es uno de los grandes acontecimientos de la restauración democrática en España. Un hecho irreversible. Es, en realidad, uno de los mayores cambios estructurales que puso en marcha el franquismo. Muy poco queda de aquella ciudad de funcionarios y militares, de catedráticos y obreros socialistas, de aquel aluvión medio aislado en el centro de la península, engolfado y obsesionado por los enredos de la Corte y por los líos de las dos Repúblicas.

El régimen de Franco se propuso convertir Madrid en el centro indiscutible del poder económico español, modificando así, de manera irreversible, la vieja anatomía peninsular, que vio nacer la industria en el Cantábrico y en el Mediterráneo. Ni Barcelona, ni Bilbao —ni Lisboa—; el principal nódulo económico de la Península Ibérica es hoy Madrid. Por los siglos de los siglos.

El franquismo sentó las bases del cambio estructural y la democracia las ha consolidado y acrecentado. Lejos de debilitar el centro, la descentralización del Estado de las autonomías ha permitido a Madrid transformarse en una capital de «nuevo tipo», perfectamente adaptada a los requerimientos y oportunidades de la internacionalización de la economía. La descentralización le ha quitado problemas de encima, liberando energías para los grandes negocios, así en la explotación intensiva del suelo, como en la banca y en los servicios. Madrid puede crecer hasta Lisboa, hasta las casas colgantes de Cuenca, hasta las llanuras de La Mancha (así lo entendió el señor Francisco Hernando, más conocido como el Pocero de Seseña), hasta más allá del acueducto de Segovia... Lo que durante siglos fue un impedimento —la lejanía de la costa, el ensimismamiento central— ahora es una extraordinaria ventaja: suelo sin límites para la gran megalópolis española.

Madrid es hoy la segunda ciudad europea en población activa con estudios universitarios; destino preferido de los estudiantes iberoamericanos que pueden pagarse su carrera en Europa y una de las más solicitadas del programa Erasmus. Poco queda de aquella ciudad arribista, sucia y polvorienta que Benito Pérez Galdós retrató en sus *Episodios Na-*

cionales: «Un hormiguero de calles estrechas y sucias; su gente, bulliciosa, entremetida y charlatana; los señores, ignorantes; el pueblo, desmandado; las casas, feísimas». Tampoco queda rastro de la ciudad indolente y gritona que activó la ironía de Josep Pla: «Un ir y venir de gente vaga y aceitosa, entre corrillos que se hinchan y se deshinchan, el organillo desafinado y la voz de una mujer que os grita en la oreja de una manera terrible y histérica: ¡Juanitaaaaa!». Caricaturas del pasado.

Poco o nada queda también del Madrid frío de la posguerra, del Madrid gris y tenso de los últimos años del franquismo y de la breve fiesta de la movida. En términos narrativos, Madrid es hoy una ciudad inabarcable, como ocurre con casi todas las grandes capitales del mundo. Se pueden escribir o filmar historias que ocurren en Madrid, pero Madrid es ya impensable como una única historia. Ni el cine parece dispuesto a emprender una aventura de tal calibre. Pedro Almodóvar, el cineasta español de mayor éxito, ha difundido una imagen sugerente y positiva de la capital de España. En sus melodramas Madrid siempre acoge, nunca expulsa. En Madrid todavía pueden pasar cosas increíbles. Almodóvar ha enfocado Madrid con las lentes del realismo mágico. En la crudeza de Joaquín Sabina también hay benevolencia: «Allá donde se cruzan los caminos, donde el mar no se puede concebir, donde regresa siempre el fugitivo, pongamos que hablo de Madrid».

Allá donde se cruzan los caminos y donde siempre regresa el fugitivo, corean al unísono Alberto Ruiz-Gallardón y Esperanza Aguirre, de día enfrentados, de noche empeñados en la leyenda de la ciudad abierta. Sí, el turbo-Madrid ha sabido construir su propio relato, su propia leyenda. Un sugerente costumbrismo, un poco mágico, un poco canalla. Ciudad cosmopolita, ciudad abierta, ciudad de oportunidades, ciudad en la que nadie nunca te preguntará de dónde vienes. Así se ve a sí misma la gran capital del neocapitalismo español, olvidando que en su interior perdura una rotunda estratificación social que no duda en llamar «paleto» a cualquier muchacho con modales rústicos. Madrid no tiene charnegos; tiene paletos. Hecha esta salvedad, Madrid, sí, es una ciudad abierta. Una ciudad acogedora, organizada en vertical. Nadie en Madrid cuestiona las decisiones que se toman en los despachos del piso de arriba.

Llevo cinco años viviendo en la capital de España y sólo he visto dos protestas urbanas de cierto calado: la brusca reacción contra la implantación de las zonas verdes de aparcamiento en el interior de todo el perímetro de la M-30 y la fogosa disconformidad contra la proyectada tala de árboles en el paseo del Prado, para reurbanizar el eje Prado-Recoletos. Es interesante observar en qué consistieron las protestas. Algunos parquímetros fueron arrancados de cuajo en Carabanchel, Vallecas y otros barrios de antigua tradición combativa. Un estallido de malestar sin una específica traducción política. Sin encuadre ni discurso. Al cabo de tres meses, la zona verde estaba perfectamente implantada. En el segundo caso, fue fascinante observar como la gente se dejaba llevar por la baronesa Thyssen, que un sábado por la mañana se encadenó a uno de los árboles del paseo del Prado. Había algunos miles de personas dispuestas a seguirla: el buen pueblo junto a la aristócrata que se rebela contra el «mal gobierno». Una estampa verdaderamente castiza. Sin asociaciones de vecinos, sin círculos ciudadanos, sin colegios profesionales, sin una mesocracia urbana dispuesta a corregir y discutir las decisiones de los grandes despachos. Madrid se organiza en dos plantas: los de arriba y los de abajo. Los de arriba mandan y los de abajo obedecen. Y cada equis años se produce un motín, un espasmo, un amago de insurrección, cuando los de arriba abusan de su posición. Algo de ello le ocurrió a José María Aznar entre el 11 y el 14 de marzo de 2004. La tardanza en reconocerlo ha sido uno de los graves errores del Partido Popular. Sólo el alcalde de Madrid, Alberto Ruiz-Gallardón, que conoce bien la ciudad, se atrevió a proponer la frase adecuada: «Algo habremos hecho mal».

El Gran Madrid, repitámoslo, es el triunfo póstumo del franquismo, en el bien entendido de que el franquismo, gris, siniestro y opresivo, llevó a cabo un gran programa de despegue de las clases medias. La rampa de lanzamiento podía haber sido otra. Podía haber cuajado una República mesocrática. Pero el azar, la furia de los generales del ejército colonial africano, la crueldad de la historia y la incompetencia de los principales dirigentes republicanos condujeron al país por otro camino. «Vamos a pasar de una España de proletarios a una España de propietarios», proclamó en 1957 el falangista José Luis Arrese, a la sazón ministro de la Vivienda. Suyos son el yugo y las flechas que todavía lucen, en el umbral, los bloques de viviendas de la Obra Social del Hogar.

El Gran Madrid es una gran megalópolis que no aparece en los planos oficiales, pero que va más allá de las fronteras de la comunidad que preside la señora Esperanza Aguirre. Se extiende por el norte hasta alcanzar el acueducto de Segovia; baja por el sur hasta alcanzar Toledo y prosigue hasta Ciudad Real; por el oeste, superado San Lorenzo del Escorial, merodea las murallas de Ávila y apunta a Extremadura, y por el este, alcanza de lleno Guadalajara, podríamos haber escrito hace cuatro o cinco años.

El retrato sigue siendo válido, aunque admite algunos retoques. El AVE ya llega a Segovia y conecta con Valladolid. Es la ruta de los Comuneros. Valladolid y Segovia fueron los dos principales focos de la rebelión de los Comuneros, movimiento «protoburgués» de una Castilla que se negaba a costear el Imperio de Carlos V. La balanza fiscal era injusta y los cortesanos flamencos que rodeaban al de Habsburgo, arrogantes. De haber vencido los Comuneros, España hoy sería otra cosa. Pero Valladolid no era Florencia, ni Segovia, Pisa. Años más tarde, entre 1601 y 1606, Valladolid fue capital de España por expreso deseo del duque de Lerma, valido de Felipe III. Finalmente, la Corte se trasladó a la villa de Madrid, donde el clero molestaba menos, al no ser sede episcopal. El deseo de marcar distancias con la Iglesia: por ese motivo Madrid es la capital de España. Interesante origen.

Por el sur, el tren de alta velocidad ha consolidado la atracción orbital que Madrid ejerce sobre Toledo y Ciudad Real, perfectamente plasmada por la diligencia y prontitud con que el presidente de la comunidad de Castilla-La Mancha, el socialista José María Barreda, atiende las iniciativas ideológicas del epicentro madrileño. Marca el paso Barreda. No hay iniciativa del diario *El Mundo* que no tenga su inmediato aplauso. Castilla-La Mancha es un interesante anexo del Gran Madrid.

El glacis (zona de influencia) de Madrid es extenso. La disponibilidad de suelo ha facilitado en los últimos veinte años una fenomenal expansión física de la ciudad, ahora bruscamente detenida por el estallido de la burbuja inmobiliaria. Ese es el punto débil. La crisis inmobiliaria. La encuesta de población activa dada a conocer la penúltima semana de julio de 2008, una auténtica semana trágica para el Gobierno Zapatero (confirmación de la suspensión de pagos de Martinsa-Fadesa, primera empresa inmobiliaria del país; severa reducción de las previsiones de crecimiento económico; aumento del paro por encima de la cota del 10 %), indicaba claramente la fuerte incidencia del desempleo en la Comunidad de Madrid como consecuencia del drástico frenazo del sector de la construcción.

Madrid se endurecerá en los próximos años. Sabina tendrá que emplearse a fondo para mantener la poética de esa ciudad cuyo sol, al atardecer, allá en la Casa de Campo, es una bombona de butano. «Y la vida un metro a punto de partir.» Madrid se endurecerá y pondrá a prueba el realismo mágico de Pedro Almodóvar. Con 854.232 inmigrantes censados en 2007, es la segunda comunidad española en número de inmigrantes, por detrás de Catalunya (966.004), la mayor parte de ellos de origen iberoamericano. Por detrás de Baleares, es también la comunidad con un mayor número de estudiantes extranjeros en la enseñanza no universitaria (11,4 %, en 2005-2006, según datos del Ministerio de Educación). El estallido de la burbuja inmobiliaria va a tener severos efectos. El Gran Madrid se endurecerá.

Y se endurecerá, también, porque su modelo de expansión urbano, muy al estilo americano —grandes suburbios articulados por el metro y los *mall*, los enormes centros comerciales—, está pensado para una población joven y con la energía que proporciona el pleno empleo. Las distancias son largas, faltan servicios y calor humano en ese Madrid periférico, en el que el desempleo y la angustia por el pago de la hipoteca suponen una severa novedad para una generación que nunca había conocido una crisis económica. No es una situación exclusiva de Madrid, es verdad. También ocurre en Barcelona. También pasa en Valencia, donde la construcción, sobre todo en los pueblos de la costa, ha sido casi un monocultivo; también sucede en Andalucía, sobre todo en la Andalucía mediterránea; pero en Madrid la vida es un metro a punto de partir y no estaba previsto que la corriente se interrumpiese en la línea.

Severamente endeudados, tanto el Ayuntamiento como la Comunidad están procediendo a un riguroso recorte de los gastos. El alcalde ha dictado la paralización de todos los nuevos proyectos urbanos cuyas obras no estuviesen iniciadas en el último trimestre de 2008. Y en la Comunidad, la gestión de la sanidad pública comienza a ser un calvario para el equipo de la señora Aguirre.

Dos perspectivas se intuyen. La redundante y la innovadora. La redundante insiste en que Madrid ha de ser el coágulo y el banderín de enganche de la «renacionalización» de España, la piedra angular de una nueva coalición política y social que ponga las cosas en su sitio y acabe con los «abusos» de los nacionalismos periféricos, reiteradamente caricaturizados como abusivos y malgastadores (circunstancia que no impidió a la presidencia de la Comunidad de Madrid gastarse más de un millón de euros en la ceremonia de inauguración del Teatro del Canal, que dirigirá Albert Boadella). Madrid como punta de lanza de un nuevo orgullo nacional español. ¡Madrid y corrige España!

La corriente innovadora ha sido esbozada en algún momento por el alcalde Ruiz-Gallardón, sin mayores desarrollos por el momento. Madrid como impulsora del «sistema» España, en cooperación con Barcelona, Valencia, Bilbao, Sevilla... Una España en red de la que Madrid es potente eslabón, pero no aspirador de todas las energías. Madrid, *¿primus inter pares*? Uy, qué difícil de creer.

Pero este será el debate. Una disyuntiva que amenaza con partir en dos la carta de navegación del Partido Popular.

CARPANTA EN SOL (PRIMEROS SÍNTOMAS)

En Madrid ocurrieron tres cosas importantes en octubre de 2008: fueron prohibidos los hombres anuncio, amnistiaron al Tío Pepe de la Puerta del Sol y se levantaron las barricadas que protegían el Instituto de Crédito Oficial (ICO) de un tropel de banqueros y empresarios sedientos del aval del Estado.

Compra de oro, piercings *troquelados y tatuajes más baratos que en el puerto de Marsella. Con sus reclamos a cuestas, los hombres anuncio le daban al kilómetro cero de Madrid unos aires de Gran Depresión que las autoridades quisieron atajar. Un yuyu recorre el planeta y lo han pagado los parias del cartelón. No vaya a ser que, de verdad, vuelvan los tiempos de Carpanta.*

La Puerta del Sol no es fácil de describir. Tiene un desorden de vendaval americano. Caracas en los años de la plata fácil, allá por la mitad de los cincuenta, cuando en Venezuela gobernaba el teniente coronel Marcos Pérez-Jiménez, que se forró con el petróleo y sembró Madrid de millones llegada la hora del dorado exilio. Dólares americanos levantaron parte de la Castellana. Tiene también la Puerta del Sol algo de Berlín 1930, una acentuación proletaria que se resiste a desaparecer. Un olor a calamares fritos, a sudor, a billete de lotería, a moneda devaluada y al recauchutado de las Chirucas que venden en la zapatería Nuevos Guerrilleros.

Y tiene, la Puerta del Sol, el viejo anuncio de Tío Pepe, que el alcalde Ruiz-Gallardón ha amnistiado, como si fuese un toro de Osborne. Por norma general, Alberto Ruiz-Gallardón es poco proclive al casticismo. El alcalde de Madrid sueña, sin disimulo, con poder alcanzar un día la presidencia del Gobierno con el voto o la aceptación tácita de una parte de la izquierda. Su afán consiste en encarnar a diario la Gran Coalición. No es muy castizo el alcalde, pero sin el Tío Pepe, la Puerta del Sol sería definitivamente Caracas esperando el vendaval. Rachas de plata fácil, garitos donde empeñar la sortija, tatuajes apresurados, la estatua ecuestre de Carlos III y la sonrisa hambrienta de Carpanta, aquel héroe del Pulgarcito *con el que España se despidió de la pobreza.*

11

ANDALUCÍA, LA INTOCABLE

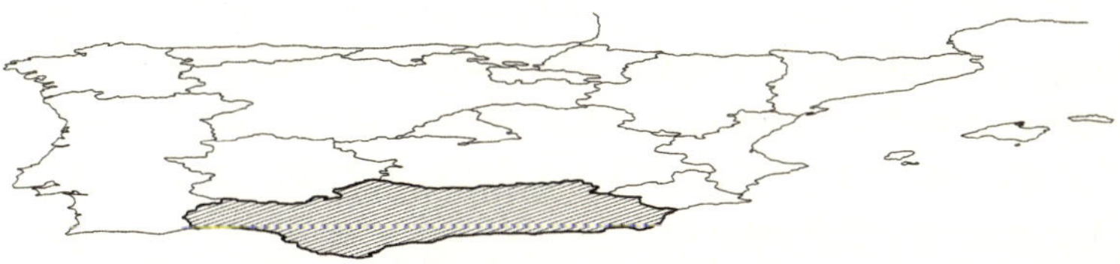

«A la fuente del deseo dice mi mare que vaya,
a ver si me sale novia la más bonita de España.»

EL BARRIO, grupo musical, 2000

El mapa de Andalucía debería destacarse con una trama espesa. Una trama que lograse oscurecer todos los matices y contradicciones que conforman la región española más poblada y más enamorada de sí misma. La que aporta más diputados al Parlamento español, gracias a lo cual podemos afirmar sin temor a equivocarnos que Andalucía ocupa el cuarto puesto en el ranking de poder del sistema peninsular: detrás del Gran Madrid, detrás de Portugal y detrás del Gran Luxemburgo hispánico (País Vasco y Navarra). Andalucía tiene poder, no lo duden. Por ello es la esfera autonómica más adulada. La intocable.

Andalucía podía haber sido Calabria si la restauración democrática de 1977 no hubiese logrado articular con suficiente energía y eficacia los afanes de progreso material que latían en todo el país, una sed de mejora que en realidad fue el motor principal de la Transición. Los españoles querían democracia, es cierto; querían olvidarse del franquismo, también es cierto; querían ser europeos, lo cual todavía es más cierto; pero sobre todo querían vivir mejor que sus padres. Aspiraban a un empleo mejor en un momento en el que comenzaba a ser visible el lento ocaso del trabajo manual. Querían tener un buen coche y un buen piso. Querían más libertad para ser felices. En los pueblos y en las ciudades muchos españoles ambicionaban el futuro que a sus padres les fue negado. Y en no pocos pueblos de Andalucía el primer peldaño de ese futuro consistía en tener agua corriente en casa. Este fue el nervio principal de la Transición y no debiéramos olvidarlo, ahora que buena parte del programa de mejora se ha cumplido y el futuro se halla aquejado de un preocupante vacío argumental. La Transición fue, ante todo, un pacto, una articulación de pactos, para poder vivir mejor.

Y los andaluces aprovecharon la oportunidad que se les presentaba. Vaya que si la pillaron. La implantación de un sistema electoral basado en la proporcionalidad provincial (artículo 68 de la Constitución) otorgó a Andalucía un papel muy importante en el proceso democrático desde sus inicios. Quien gana en Andalucía no tiene la victoria asegurada en el hemiciclo de la Carrera de San Jerónimo de Madrid, pero se coloca muy cerca del triunfo. Con una superficie equivalente a la de Portugal y una población de ocho millones de habitantes (dos millones por debajo de la población portuguesa), las ocho circunscripciones electorales andaluzas aportan sesenta y un diputados al Parlamento español.

La pelea empezó el primer día. La Unión de Centro Democrático, la amalgama centrista, el partido-autobús de Adolfo Suárez, Fernando Abril Martorell y Rodolfo Martín Villa, sufragaba bajo mano a los andalucistas de izquierda (el Partido Socialista Andaluz del incombustible Alejandro Rojas-Marcos) con el ánimo de pasar la lima a las expectativas del PSOE, cuyo joven y dinámico grupo dirigente era sevillano. Lo cuenta con bastante precisión el historiador Charles Powell en *España en democracia*, indispensable relato de la transición. La respuesta de la gente de Isidoro (pseudónimo de Felipe González en la clandestinidad) no se hizo esperar: el PSOE decidió empuñar la bandera blanquiverde, encabezando la reclamación de una mayor autonomía para Andalucía, mientras Suárez jugaba su primera tanda de póquer con vascos y catalanes. El PSOE no se dejó desbordar por el flanco regionalista y lo hizo con un potente grito de guerra: «¡Nosotros, los andaluces, no seremos menos que los catalanes!». Retenga el lector ese lema, porque sin él no se entienden los últimos treinta años de democracia en España.

Los socialistas fuerzan la celebración de un referéndum sobre la vía rápida a la autonomía y colocan al partido de Suárez contra las cuerdas. El ministro de las Regiones, José Clavero, patriarca de un posible y nunca realizado andalucismo de derechas, presenta la dimisión, disconforme con la negativa del comité directivo de UCD a colocar a Andalucía en el carril preferente. El Gobierno Suárez acaba perdiendo el referéndum, pese a que las condiciones del mismo juegan claramente a su favor (la pregunta es casi ininteligible y el sí debe triunfar en las ocho provincias). El 28 de febrero de 1980, el electorado andaluz dice sí a la autonomía rápida. El PSOE comienza a afianzarse como el gran partido regional del sur de España. Se inicia el descalabro de la UCD y se reparten las tazas del «café para todos»: extensión del sistema autonómico a todo el país a una velocidad superior de la inicialmente prevista, con la consiguiente licuación del estatus diferencial de vascos y catalanes; sobre todo de los catalanes. Un año después, fracasa el golpe militar teóricamente destinado a tomar el mando de la cafetera. Y otro año después Isidoro, el andaluz, el oportuno regionalista andaluz, es ya presidente del Gobierno, con una mayoría parlamentaria colosal.

Veintisiete años después de aquel decisivo referéndum, el domingo 18 de febrero de 2007, los andaluces casi ni se tomaron la molestia de ir a votar el nuevo Estatuto de Autonomía que actualiza el lema fundacional «¡Nosotros no seremos menos que los catalanes!». Aquel domingo, Sevilla fue a tocar la guitarra a orillas del Guadalquivir. El día era soleado y las terrazas estaban llenas a rebosar. Era difícil encontrar en las paredes de la ciudad un solo cartel o pasquín de partido llamando a votar. Se respiraba una suave astenia. Una evidente despreocupación de fondo. Finalmente, los porcentajes de votación acabaron confirmando los pronósticos más pesimistas: la participación apenas alcanzaba la cota del 36 %, muy por detrás del 48 % del Estatut de Catalunya, tremendamente criticado ocho meses atrás por su anemia participativa. Aparentemente, muy aparentemente, a la gran mayoría de los andaluces la ampliación de la autonomía les importaba una higa.

Aparentemente. Este era el diagnóstico, el día de autos, del economista Manuel Ángel Martín, antiguo alto cargo de la Junta de Andalucía, que ha evolucionado del socialismo a un liberalismo moderado, un buen observador de la realidad andaluza: «No creo que estemos, en absoluto, ante una reacción antiautonomista, más bien me parece pertinente recordar un concepto acuñado por el sociólogo Manuel Pérez Yruela: estamos ante la paradoja de la satisfacción».

¿Paradoja de la satisfacción? Así la explicaba el economista Martín: «Pese a convivir con múltiples carencias, una de las notas dominantes en la actual sociedad andaluza es el sentimiento de satisfacción; la miseria ha quedado atrás y el fantasma de la marginalidad, también. La paradoja es la siguiente: la satisfacción impide hoy a los andaluces acumular las tensiones internas necesarias para moverse y romper esquemas. Es muy posible que este mecanismo paralizador sea una de las razones de la masiva abstención, aunque evidentemente hay otros factores mucho más inmediatos y mucho más visibles: la ausencia de un fuerte combate político entre el sí y el no, y la desgana de los votantes del Partido Popular, que seguramente deseaban castigar a los socialistas».

Análisis casi perfecto que introduce en nuestro relato un concepto nuevo: la paradoja de la satisfacción. La imagen es interesante, pero no estamos sólo ante una construcción metafórica. En términos económicos, Andalucía ha sido la región más «mimada» de España desde la restauración de la democracia. La más favorecida por la solidaridad interna durante treinta años, una solidaridad imposible de cuantificar, puesto que no existe una contabilidad pública al respecto (sólo unos primeros esbozos de balanzas fiscales). Pero también ha sido Andalucía la más beneficiada por las ayudas europeas, ese generoso maná que en veinte años ha depositado 118.000 millones de euros en España. Lo han leído bien: 118.000 millones de euros, 20 billones de las antiguas pesetas, el triple de lo que percibieron los países europeos beneficiados por el Plan Marshall tras la Segunda Guerra Mundial. De esa cantidad, Andalucía ha percibido casi la cuarta parte, el 23,3 %: 27.508 millones de euros (4,58 billones las antiguas pesetas). Con ocho millones de habitantes, Andalucía representaba a principios de 2007 el 17,8 % de la población total española.

Con todo ello, Andalucía se halla actualmente 18 puntos por debajo de la renta media europea y se mantiene, junto a Extremadura, en el furgón de cola de la renta per cápita española, según los datos del Instituto Nacional de Estadística referidos a 2006: 17.401 euros por habitante, frente a los 28.747 euros de la Comunidad de Madrid, los 28.431 del País Vasco, los 27.856 de Murcia y los 26.279 euros de Catalunya. Y, sin embargo, Andalucía ha mejorado enormemente. Es la paradoja.

La paradoja de la satisfacción: Sevilla tocando la guitarra a orillas del Guadalquivir mientras en las urnas se dirimía el futuro de la supuesta España plural, con unos aires de Primera República, aquella inédita experiencia federal que acabó como el rosario de la aurora y con la despedida a la francesa de su primer presidente, el catalán Estanislau Figueras, que se marchó a París, no sin antes exclamar: «¡Señores diputados, estoy hasta los cojones de todos nosotros!».

Si el hábil Javier Arenas no hubiese convencido a Mariano Rajoy de que lo mejor para el Partido Popular era conjurar el fantasma de la UCD y sumarse a la corriente del «sí», pese a todo lo dicho sobre la desintegración y la balcanización de España en los meses anteriores, el índice de participición de España en los meses anteriores, el índice de participación en el referéndum habría sido más alto. Con un adversario claro enfrente, el PSOE habría movilizado a un mayor número de electores con el lema más atractivo de cuantos se puedan proclamar en la España meridional. ¿Qué lema? Cuál va a ser: «¡Nosotros no vamos a ser menos que los catalanes!». «Nosotros no vamos a ser menos..., nosotros no vamos a ser menos..., nosotros no vamos a ser menos»..., es el canto de las sirenas hispánico, una melodía irresistible que convoca a todos. Y una proclamación del orgullo herido, un embellecimiento del resentimiento: nosotros, que hemos sufrido tanto.

Y es verdad, Andalucía ha sufrido. Hoy podría ser Calabria, hoy podría ser Nápoles, hoy podría ser el desastre social del sur de Italia. La compleja vitalidad andaluza se ha desparramado por toda España, coloreando su alma; sus almas. En Madrid de una manera, en Catalunya de otra, y en el País Vasco de otra. El costumbrismo andaluz ha dado simpatía y perspicacia al «pille» madrileño: móntatelo, pero con gracia. Vive la vida. Impera y disfruta.

El factor andaluz ha dado una forma esférica al catalanismo, puesto que la presencia del «otro» le ha permitido desarrollar inteligentes estrategias de integración, habilidades de inconfundible matriz católica *(«Catalunya, un sol poble»)*, que durante tres décadas han alimentado la catalanidad, otorgándole una indiscutible hegemonía política y moral, hoy doliente, hoy en crisis, por la cruda evidencia de los cambios de escala en el complejo sistema peninsular, por el agotamiento de la generación que durante treinta años ha llevado a cabo el provechoso intento de síntesis, y por la irrupción de nuevos intereses en la órbita del «Estado» catalán realmente existente. Sí, Estado catalán realmente existente: en una sociedad de escasa tradición burocrático-estatal, la Generalitat da hoy empleo a doscientas mil personas, administra un presupuesto de 34 millones de euros y determina, todavía a la manera socialdemócrata, múltiples ámbitos de la actividad económica y social.

En el País Vasco, la irrupción del «otro», del trabajador castellano-andaluz al que Sabino Arana veía todos los defectos del enemigo de la raza, fue un poderoso reactivo, un motor de identidad y afirmación nacionalista para, años después, alimentar a su facción más radical: no pocos militantes de ETA y de la constelación abertzale son hijos de trabajadores inmigrantes. Paradójicamente, y al contrario de lo que ocurre en Catalunya, quizá la problemática alteridad esté entrando hoy en Euskadi en una esperanzadora fase de sosiego y pacificación.

Pero la aportación andaluza al magma hispánico no puede reducirse al estímulo, al masaje aquí y allá. Un costumbrismo vitalista y euforizante en Madrid; estímulo y alimento moral del nacionalismo y del positivismo católico-socialdemócrata en Catalunya, o un silente y lento, muy lento, desorganizador del etnicismo vasco. El regionalismo andaluz, base hasta ahora indestructible del socialismo español, ha alimentado el mito de la igualdad, el más fuerte sostén de la moderna identidad española.

Expliquémonos. Los españoles no celebran la toma de la Bastilla como los franceses, o la liberación del nazi-fascismo como los italianos; o las viejas glorias de la Union Jack, como los ingleses. Los españoles, hijos de un imperio que secuestró y deformó a la nación hasta abocarla a cuatro guerras civiles, tienen muy poca historia que celebrar en común.

El bienestar, el progreso material —catorce años ininterrumpidos de crecimiento económico, caso único en la Europa unida y el mito de la igualdad («nosotros no seremos menos que...») han dado una sólida cohesión al país sin necesidad de grandes exhibiciones de la bandera rojigualda y de cánticos de un himno sin letra..., al menos hasta hace unos meses. Progreso, bienestar e igualación han trenzado el nervio principal de la sociedad española en los últimos treinta años, los mejores de su historia, sin lugar a dudas. Bien, pues la matriz principal de este nervio, de este aliento, está en Andalucía. En la paradoja de la satisfacción de Andalucía.

Este nervio, sin embargo, está perdiendo fuerza. El relato político-moral que lo ha hecho posible está perdiendo vigencia. Las desigualdades sociales están creciendo en España, las expectativas de progreso material de las nuevas generaciones se han reducido y nuevas tensiones apuntan en el horizonte territorial. La crisis dibuja un horizonte muy preocupante: parálisis del ascensor social, empobrecimiento de sectores de la clase media, posible colapso de servicios públicos vitales, como la sanidad y la educación públicas... El día que los socialistas, en Barcelona y luego en Madrid, decidieron apostar por la reforma del Estatut de Catalunya como instrumento táctico para romper la alianza del Partido Popular con Convergència i Unió... no sabían cuántos fantasmas iban a convocar. El «nosotros no vamos a ser menos...», el primero de ellos.

Para conjurar este fantasma hubo que reformar el Estatuto de Andalucía, fabricando, casi, una fotocopia del nuevo Estatut de Catalunya. ¿Una fotocopia? Algo más que una copia. El verdadero vencedor del galimatías territorial de estos últimos cuatro años es la nomenclatura socialdemócrata andaluza, a la que podríamos llamar tranquilamente, sin riesgo a equivocarnos, la CiU del sur.

El palacio de Santa Justa —sede principal de la Junta de Andalucía, en Sevilla— es el verdadero vencedor de la partida, puesto que casi todas las bofetadas se las ha llevado la excitación catalanista —algunas de ellas, ganadas a pulso, merced a una serie de errores clamorosos—, cómodo chivo expiatorio de una España que comienza a estar necesitada de nuevos signos de identificación. Nada se ha hecho estos últimos cuatro años contra los intereses de la clase dirigente andaluza. Nada se ha hecho sin su permiso, no en vano el presidente de la Junta de Andalucía, Manuel Chaves, ejerce de presidente-árbitro del Partido Socialista Obrero Español. Ni nada se hará, puesto que el Partido Popular sólo podrá volver al Gobierno de España avanzando en Andalucía. Ensanchando su zona de influencia de las ciudades al campo. De las capitales de provincia a las ciudades intermedias. De la costa al interior.

Es por ello por lo que Andalucía tiene la sartén por el mango. Andalucía, la conservadora. Como hemos podido comprobar, tiene fundadas, y sobradas razones, para un conservadurismo de nuevo tipo. El conservadurismo de izquierdas.

EL ÁNGEL DE LA GUARDA EN FUENTES DE ANDALUCÍA

Fuentes de Andalucía cuenta la verdad. Este pequeño pueblo de la campiña sevillana, a escasos kilómetros de la ciudad de Carmona, explica alguna cosa importante del sistema peninsular. Explica el rotundo éxito del reparto socialdemócrata en el sur de España y de cómo este éxito bloquea hoy cualquier modificación sustantiva del cuadro español. Fuentes de Andalucía, 7.000 habitantes, es un pueblo tranquilo, silencioso, aseado, muy aseado, como todos los pueblos an-

daluces, con un coche ante cada puerta y una ambulancia en la plaza. Siempre de guardia. Las veinticuatro horas del día.

El Ángel de la Guarda llegó a Fuentes con la autonomía regional y con el Plan Marshall que la Alemania Federal de Helmut Kohl decidió desembolsar a cambio del decisivo apoyo español a la reunificación alemana: la mejor de todas las buenas jugadas que llevó a cabo Felipe González en sus catorce años de mandato. Hay un dato que conviene recordar siempre, que convendría escribir en cada punto y aparte de la crónica política española, un dato que la mentalidad española actual ignora expresamente, quizá por orgullo, quizá por miedo a enfrentarse a la realidad: desde su ingreso en la Comunidad Económica Europea (CEE) en 1986, España ha percibido subvenciones, ayudas y transferencias por valor de 118.000 millones de euros, la más colosal operación de solidaridad que ha tenido lugar en el continente europeo tras las reparación de daños de la Segunda Guerra Mundial. Un arco de triunfo debería conmemorarlo en Madrid y una placa en homenaje al contribuyente alemán debería exhibirse en la plaza de cada pueblo. Orgulloso hasta la médula, el español prefiere no hablar de ello, ni que se lo recuerden. Sólo un discreto monumento conmemora en la capital de España el ingreso en Europa: un murete de hormigón ubicado frente al palacio de Santa Cruz, vieja sede del Ministerio de Asuntos Exteriores. Un murete al alcance del orín de los perros. España es así de agradecida.

El Ángel de la Guarda, decíamos, descendió en Fuentes de Andalucía y ahí le tenemos montando guardia, día y noche, en la plaza del pueblo. Cuando alguien se sienta enfermo, el ángel volará raudo hasta el hospital comarcal de Écija para que le atiendan. Tiene Fuentes de todo: una escuela pública, un instituto, un buen polideportivo y un coche ante cada puerta, en sus calles siempre bien aseadas. En un extremo del pueblo están las casas de los jornaleros: casas confor-

tables y autoconstruidas a base de pulso y riñón, con la ayuda de padres, suegros, primos, hermanos y conocidos. Son casas que hablan de un viejo deseo de felicidad y bienestar; casas que han crecido poco a poco, muy lentamente, con cimientos muy profundos. Los cimientos del comunitarismo andaluz.

Sobre esta base rural y pequeño-pequeñoburguesa se asienta la hegemonía electoral del Partido Socialista Obrero Español en Andalucía. Suyos son los ángeles de la guarda en pueblos y ciudades de tamaño intermedio. Suya es la silente satisfacción que se respira en las calles de Fuentes de Andalucía: una tranquilidad estática, cada cosa en su sitio, con limpieza. Una satisfacción frágil que podría romperse en cualquier momento. Suyo —del PSOE— es el pegajoso costumbrismo que a todas horas emite Canal Sur. Y suyo el conservadurismo que de él se desprende.

Las grandes ciudades andaluzas hace años que han dejado de votar mayoritariamente a los socialistas, al menos de manera sistemática e inercial. En las últimas elecciones municipales el partido de José Luis Rodríguez Zapatero no consiguió ser el más apoyado en ninguna de las ocho capitales de provincia. E Izquierda Unida tampoco consiguió el primer lugar en su legendaria Córdoba. Las grandes ciudades andaluzas, escenario de nuevas contradicciones sociales, comenzando por la próspera Málaga, indiscutible capital económica de la región, han virado lentamente a la derecha, así como la costa mediterránea, sandunguera, golfa e inmobiliaria. Ese nuevo «sistema urbano» que suma tres millones de habitantes —la tercera área metropolitana española tras Madrid y Barcelona— también se ha escindido del comunitarismo socialdemócrata.

¿Cuánto tiempo logrará mantener Andalucía su actual equilibrio interno? ¿Cuánto tiempo resistirá la actual «paradoja de la satisfacción»? No es fácil que surja una alternati-

va a corto plazo, pese a que el liderazgo del presidente regional Manuel Chaves empieza a estar agotado. El nuevo Estatuto, legitimado por la astucia táctica del ala centrista del Partido Popular, ha reforzado de manera indudable el poder de la nomenclatura socialdemócrata andaluza en dos planos que se complementan y se potencian entre sí: le ha consolidado como poder regional y como nódulo decisivo del sistema político peninsular. Andalucía, hoy por hoy, es intocable. Ninguno de los dos grandes partidos españoles hará nunca nada que pueda enojar o herir la susceptibilidad de los andaluces. Que pueda mermar sus intereses. En este sentido, y sólo en este sentido, Andalucía se ha colocado a la par que el País Vasco y Navarra. Ha ingresado en el club de los inamovibles. Sentimentalmente, Andalucía es la novia de España.

Así se respira en Fuentes, con su pequeño orden, con su serena tranquilidad, con su coche ante cada casa. Y con su Ángel de la Guarda.

12

EL VERDADERO SUR (EL NOROESTE)

«Carbas para el yugo, talabartería decorada, hierros de Ferreira Vella, jarros, potas y cuncas de los alfares del país. Todo es antiguo y hermoso, pero en un punto esencial, es, simplemente, retraso, pobreza.»

ÁLVARO CUNQUEIRO,
Retratos y paisajes, 1957

¿Dónde está el Sur? Esta es una de las preguntas hoy más pertinentes en España. Si la mitificación de Castilla fue el gran tema de la depresiva generación del 98, la elevación del Sur a la máxima categoría moral ha resultado ser una de las más perdurables construcciones ideológicas del paciente y contradictorio magma antifranquista. Comunistas y católicos, socialistas y monárquicos no asimilados, intelectuales de la *gauche divine* y curtidos sindicalistas, tibios reformistas y gentes de extrema izquierda, incluso los catalanistas y los vasquistas de nuevo cuño (muy atentos al futuro comportamiento político de la inmigración), estuvieron de acuerdo en abrir su alma al Sur. Animados por el recuerdo de la reforma agraria pendiente y por el *aggiornamento* católico del Concilio Vaticano II, estuvieron de acuerdo en que la redención del Sur era un punto inexcusable del programa democrático. Alfonso Carlos Comín, fundador de la corriente Cristianos por el Socialismo, con un pie en la Compañía de Jesús y otro en el Partido Comunista, fue uno de los grandes apóstoles de este nuevo meridionalismo español. (*La España del sur*, 1965; *España, ¿país de Misión?*, 1966; *Noticia de Andalucía*, 1970.)

Los historiadores andaluces Fernando Arcas Cubero y José Antonio Ruiz Muñoz rememoraban el 25.º aniversario del fallecimiento de Comín, el pasado mes de noviembre en las páginas del diario *Sur* de Málaga, con palabras muy elocuentes al respecto: «De su labor quedó la formación de líderes obreros para la lucha antifranquista clandestina y la formación de una corriente cristiana que sería una de las fuentes del nacimiento en Málaga de Comisiones Obreras, así como los primeros escritos (*La España del sur* y *Noticia de Andalucía*), en los que un catalán marcaría las primeras bases del nuevo regionalismo andaluz de la Transición democrática y a las que otro catalanohablante, pero valenciano y malagueño de adopción, Juan Antonio Lacomba, pondría sus orígenes históricos. La fuerza del impulso dado en Málaga por Comín a finales de los sesenta a las ideas progresistas, y luego en Andalucía por Domínguez Ortiz, Aumente, Cazorla, Lacomba, Ramos Espejo, Castilla del Pino, etc., ha sido una de las claves de la solidez que ha tenido en la región su filiación de izquierdas mayoritaria desde la Transición hasta hoy». Interesante apreciación la de Arcas Cubero y Ruiz Muñoz: «Un catalán marcaría las primeras bases del nuevo regionalismo andaluz de la Transición».

La redención del Sur iba más allá de la vieja cuestión de la tierra, de la reforma agraria siempre pendiente, asunto nuclear del programa republicano en los años treinta. Era algo más. Era un propósito de reparación moral, dirigido a las gentes del Sur y a quienes tuvieron que abandonarlo para encontrar el sustento en Alemania, en Bélgica, en Francia, en Suiza, en Barcelona, en Madrid o en las rías vizcaínas. La reparación del Sur dejaba de ser una cuestión obsesivamente referida a la propiedad de la tierra —asunto sobre el que la democracia apenas ha legislado— para convertirse en un programa de reparación moral. Sanar la humillación. Esa fue una de las banderas que triunfaron en el decisivo trienio 1977-1980.

Felipe González, Alfonso Guerra, José Rodríguez de la Borbolla, Manuel Chaves, Carmen Romero, Luis Yáñez y demás fundadores del poderoso clan sevillano del PSOE lo entendieron perfectamente bien cuando, iniciado el confuso proceso autonómico, decidieron empuñar la bandera verdiblanca al grito de «¡Los andaluces no vamos a ser menos!». Propinaron un golpe mortal a la Unión de Centro Democrático y sentaron las bases de una perdurable hegemonía del socialismo en la política española. Al cabo de dos años, el regionalista andaluz Felipe González conquistaba la presidencia del Gobierno con una aplastante mayoría parlamentaria, puesto que reparación del Sur y reformismo democrático se habían fundido en una única divisa.

Treinta años después, ¿dónde está el Sur? ¿En la milla de oro de Marbella, en Antequera, o en el barrio del Fondo de Santa Coloma de Gramenet, donde la inmigración extracomunitaria supone casi la mitad de la población? ¿En la franja litoral murciano-andaluza, longitudinal área metropolitana en la que viven más de tres millones de personas, muchas de ellas venidas de la próspera Europa, o en las periferias de Madrid, Barcelona y Valencia, mucho más golpeadas por la crisis económica? ¿En la campiña sevillana, o en el Vigo amenazado por la pavorosa crisis de la industria del automóvil? ¿En la próspera Málaga, o en Zamora y Ourense, las únicas provincias españolas que han perdido población en los dos últimos censos?

¿Sigue teniendo sentido el Sur como categoría político-moral en España? ¿Sigue teniendo *el mismo* sentido?

En Italia, donde en los años sesenta se afianzó con gran fuerza la cuestión del *Mezzogiorno*, sigue siendo un mito vigente, aunque las esperanzas de redención son cada vez más tenues. *Gomorra*, el cruento y verídico relato de Roberto Saviano sobre la Camorra napolitana, le ha pegado un severo rapapolvo a la retórica meridionalista italiana. En España, donde el Sur pudo ser Sicilia y Calabria juntas, y la democracia consiguió evitarlo gracias al incisivo papel del regionalismo andaluz en el tablero político de los años ochenta, el mito de la igualación está dando paso a un nuevo conservadurismo. Soy consciente de que esta afirmación puede resultar antipática y poco oportuna, pero cada cierto tiempo conviene revisar el ajuste entre realidad y lenguaje.

¿Dónde está el Sur? El profundo Sur está hoy en las periferias de las grandes ciudades españolas, donde la miseria pronto llamará a las casas de muchas familias. Y en términos estrictamente regionales, el Sur está hoy en el Noroeste: en el extenso y poco poblado cuadrante que forman las cuatro provincias gallegas (A Coruña, Pontevedra, Lugo, Ourense), más las provincias de Zamora, Palencia, León y Salamanca, más Asturias y algún retazo de Cantabria. Es la España que envejece, que se despuebla y que por su ubicación geográfica afronta un futuro sin grandes oportunidades logísticas y sin capacidad de ofertar una jubilación soleada a millones de pensionistas europeos con fondos suficientes para comprar una residencia en el Miami hispánico. El Noroeste está lejos de Madrid, lejos de la frontera con Francia, lejos del Mediterráneo, lejos de las aún ignotas oportunidades del norte de África, y lejos de las rutas navales que enlazan Europa con el Extremo y el Medio Oriente. Portugal es su única vecindad.

El cuadrante Noroeste (A Coruña, Pontevedra, Lugo, Ourense, Zamora, Palencia, Salamanca, León y Asturias) sumaba en 2006 una población de 5.056.152 personas, treinta mil menos que en el censo de 1996. Aquel año 96 (cuando en España vivían 39,6 millones de personas) el Noroeste representaba el 12,8 % del total. En 2006 (con 44,3 millones de habitantes en toda España) la proporción se había reducido al 11,3 %. Y en 1970, cuando el país apenas sumaba 34 millones de personas, en el Noroeste ya vivían 5,09 millones, una población ligeramente superior a la actual. En pleno apogeo del desarrollismo franquista, el cuadrante Noroeste representaba el 15 % del censo español.

El bajón es más que evidente (del 15 al 11 %) y aún sería mucho más severo si descontásemos los incrementos de población registrados por las provincias de A Coruña y Pontevedra, que en la última década ganaron unos sesenta y un mil habitantes. Las demás provincias han perdido población. Y algunas de ellas, de manera alarmante: León, Palencia y Zamora son las demarcaciones españolas que más habitantes perdieron entre los censos de 2006 y 1996, casi un 5 % cada una. En esas tres provincias vivía mucha más gente en 1970.

Y a la despoblación debemos sumar el envejecimiento. El 28 % de la población de Ourense tiene más de sesenta y cinco años. Otro tanto ocurre en Zamora. En Lugo, el 27 %. En León, el 24 %. En Salamanca, el 23 %. En Palencia, el 22 %. En A Coruña, el 20 %. Sólo en Pontevedra (factor Vigo), el porcentaje es un poco más bajo: el 18 %. La media española es de un 16,8 % de la población con más de sesenta y cinco años. (Las tasas más bajas de ancianidad en la península se dan en Cádiz, Sevilla y Murcia, con porcentajes que oscilan entre el 12 y el 13 %.) En el Sur, los más jóvenes. En el Noroeste, los más ancianos.

Noroeste: un espacio geográfico, más que una región. Un mapa posible, más que una identidad común. La identidad más fuerte en ese cuadrante de la península es la de Galicia. La Galicia nación. (Si fuésemos capaces de admitir, de una vez por todas, que en el siglo XXI las naciones pueden existir sin una estructura estatal exclusiva, pacíficamente, contradictoriamente, tormentosamente, líquidamente.) Y en Galicia manda el galleguismo.

El galleguismo es un regionalismo fuerte, basado en un impulso moral y psicológico que se pelea con una antigua humillación. Una vez más, el deseo de no ser menos. Antecedentes clínicos: la marginación a la que fue sometida la nobleza del antiguo reino de los suevos por los Reyes Católicos (el desmantelamiento de la nobleza gallega tras la rebelión y apresamiento de don Pedro de Sotomayor); la sobreexplotación del campesinado pobre (la revuelta de los *irmandiños* a mediados del siglo XV, contra la propia nobleza gallega); la humillación de los emigrantes; la humillación de los sirvientes, la humillación que denunciaba Rosalía de Castro en estos versos:

> Castellanos de Castilla,
> tratade ben ós gallegos,
> cando van, van como rosas;
> cando vén, vén como negros.
>
> Foi a Castilla por pan,
> e saramagos lle deron;
> déronlle fel por bebida,
> peniñas por alimento.

Déronlle, en fin, canto amargo
ten a vida no seu seo...
¡Castellanos, castellanos,
tendes corazón de ferro!

En verdad non hai, Castilla,
nada como ti tan feio,
que aínda mellor que Castilla,
valera decir inferno.

Cantares gallegos, 1863

De vivir hoy, Rosalía de Castro (1837-1885) sería calificada de separatista por los almuecines de la emisora católica o quizá de algo mucho más grave por los intelectuales del neounitarismo español. Afortunadamente para su memoria, la crítica literaria hace muchos años que la reconoció como una figura relevante del Romanticismo. Sus versos nos explican muy bien cuál es el resorte moral del galleguismo, desarrollado políticamente por Alfonso Daniel Rodríguez Castelao en los años treinta del siglo pasado. Y nos ilustra sobre el fracaso espiritual de España como nación moderna a lo largo del siglo XIX. La tensión con el centro no sólo habitaba en Barcelona y Bilbao.

Más de un siglo después, el galleguismo gobierna en el interior de la hornacina regionalista fabricada por Manuel Fraga durante sus quince años (1990-2005) en la presidencia de la Xunta de Galicia. El PSOE y el Bloque Nacionalista Galego echaron a Fraga del poder en 2005, acomodándose en gran medida a las relaciones de poder que el patriarcado «fraguista» había establecido con la sociedad: fuerte intervencionismo de la administración regional y de las diputaciones en la vida pública, mantenimiento de una densa red de clientelismo rural y manejo del voto inmigrante. Se han mejorado las formas, se han suavizado los autoritarismos de antaño, se ha modulado el caciquismo, pero la estructura de poder no ha sufrido una modificación radical. En este aspecto, el cambio político en Galicia ha sido mucho menos traumático que el vivido en Catalunya tras la retirada de Jordi Pujol en 2003. Emilio Pérez Touriño, presidente socialista de la Xunta, y Anxo Quintana, vicepresidente nacionalista, no llegaron al palacio de Raxoi, en Santiago de Compostela, con las ínfulas y ambiciones de Pasqual Maragall y Josep-Lluís Carod-Rovira en el balcón de la plaza de Sant Jaume de Barcelona en octubre de 2003. Su propósito, el de la alianza Touriño-Quintana, no era construir, en sólo cuatro años, *otra* Galicia, *otro* galleguismo, *otra* nación. Ni siquiera han podido modificar el Estatuto de Autonomía, al no contar con el imprescindible apoyo del Partido Popular. En este aspecto, seguramente han tenido suerte. El cambio político en Galicia ha sido lento, suave, prudente, astuto, conservador, inteligente...; gallego, en suma.

A diferencia de Catalunya, no existe en Galicia inflamación en el campo nacionalista. No hay escisión, ni gran contienda por el espacio de las esencias. El Bloque no ha de competir con una Esquerra Republicana da Galicia que predique la independencia. En la independencia, instrumento retórico del Bloque en los años ochenta, prácticamente ya no cree nadie en Galicia. Nadie habla en serio en Galicia de independencia. En Europa occidental, la única región (o nación) subvencionada, donde el discurso independentista ha obtenido cierta fuerza política es Escocia, alentada por su sólida personalidad histórica, por el petróleo del Mar del Norte y por el autárquico bienestar de Islandia (hoy en bancarrota). Deberán pasar muchos años y deberá estar muy clara la salida a la actual crisis económica para que Escocia dé pasos decisivos hacia la escisión del Reino Unido. (Londres, con mucha inteligencia y poco madrileñismo, responde: si se quieren ir que se vayan; menos gasto.) Galicia no está en esas coordenadas. ¿Cuál sería la deriva de una Galicia independiente en el Atlántico frío e inclemente? Ni los viejos *coroneis* (coroneles) de la Unión do Pobo Galego (partido marxista-leninista fundador del Bloque) están por la aventura.

Consolidado como partido de gobierno, el Bloque evolucionará en los próximos años hacia un mayor centrismo y una más estrecha contigüidad con el empresariado de la región. No es ningún secreto que Anxo Quintana «pujolea» en sueños. Su propósito: escorarse lentamente hacia el centroderecha, restar más espacio al Partido Popular y convertir el BNG en una formación similar a la Convergència i Unió de los buenos tiempos. Ese ya fue el propósito de Xosé Luis Barreiro, cerebro de Alianza Popular y del Partido Popular en Galicia durante los ochenta e impulsor del monolingüismo en la televisión autonómica gallega. Tras una ruidosa caída en desgracia, Barreiro se dedica a la docencia universitaria y al periodismo. Acaba de publicar un libro de conversaciones con Quintana. (Quizás algún día, dentro de unos cuantos años, veamos algún tipo de pacto o colaboración entre el Bloque y el centroderecha español.)

Regionalismo fuerte, encabezado por un PSOE vigilado a distancia por el lucense José Blanco desde la calle Ferraz de Madrid, y en creciente competición con las ambiciones de los *bloqueiros*. Este es el rumbo político de Galicia. El rumbo social: sobrevivir como se pueda a una crisis económica que tiene una incidencia muy desigual en la región. Es dura, durísima, para los trabajadores de la automoción de Vigo y más liviana en el campo o para quienes han sobrevivido a las sucesivas reestructuraciones de la industria pesquera, que tiene en Pescanova una de las grandes multinacionales del sector. En el polígono Sabón de A Coruña, Inditex, la gran aventura de Amancio Ortega, sigue desafiando los límites de la globalización textil. En Lugo y Ourense, donde más del 25 % de la población está en edad de cobrar la pensión de jubilación, la crisis sólo sería rotunda si quebrase la Seguridad Social, desastre que en estos momentos parece que no está en el orden del día.

Galicia es un sistema de cuatro provincias (las diputaciones siguen jugando un papel importante) y siete ciudades. Siete mundos: A Coruña, Ferrol, Santiago, Pontevedra, Vigo, Lugo y Ourense. Galicia es también proximidad con Portugal, proximidad fronteriza, proximidad lingüística y proximidad comercial. Cooperación, pero también competición. El Gobierno portugués ha decidido bajar el impuesto de sociedades al 12,5 % (sólo medianas y pequeñas empresas) en un claro intento de atraer empresas españolas a las zonas fronterizas con Galicia, Castilla y León, Extremadura y Andalucía. El aeropuerto de Oporto ofrece mejores conexiones internacionales que cualquiera de los tres aeropuertos gallegos, Alvedro (A Coruña), Lavacolla (Santiago) y Peinador (Vigo), todos ellos de mediano tamaño. Y son miles los gallegos (viguenses y pontevedreses) que cada fin de semana cruzan la frontera para comprar en los centros comerciales portugueses, todavía más baratos.

Asturias es otra historia. Otra identidad. Con un millón de habitantes, Asturias se las tiene que ver con el eclipse de la minería, los astilleros y la siderurgia. Hay en Asturias alrededor de veinticinco mil trabajadores prejubilados, el 60 % de los cuales sólo posee estudios primarios. Miles de hombres en edad madura con salarios dignos garantizados de por vida. En las cuencas mineras, epicentro de tantas batallas que hicieron temblar a los gobiernos españoles, el 40 % de las rentas ya corresponde a las pensiones de jubilación y prejubilación. Es una comunidad, por tanto, en la que los sindicatos han tenido y siguen teniendo una influencia importante. Más importante que en el resto del país.

El SOMA-UGT, el viejo sindicato de la minería que tanto luchó (con alguna que otra colaboración con la dictadura de Primo de Rivera), sigue siendo uno de los poderes fácticos de la región. Ningún presidente asturiano, sea del PSOE o del Partido Popular (que conquistó el Gobierno regional durante un breve periodo de tiempo) puede ignorar a José Ángel Fernández Villa, histórico dirigente del sindicato de la minería asturiana. Protegido por Alfonso Guerra, líder indiscutible de las protestas contra la reconversión de HUNOSA a principios de los años noventa, en escasa sintonía con el actual presidente regional Vicente *Tinín* Areces (dirigente del Partido Comunista de España durante la Transición, que posteriormente pasó a las filas del PSOE) y buen amigo de Gabino Lorenzo, el popular alcalde de Oviedo (popular por pertenecer al PP y por el sesgo populista de algunas de sus actuaciones), Fernández Villa da la medida de una región formateada por el sindicalismo.

Asturias es también un signo de la moderna raíz social de la monarquía. Ha habido en Asturias una auténtica política de Estado para reforzar la legitimación popular de la Monarquía parlamentaria. Al configurarse el mapa autonómico, la patria de Jovellanos, la región que protagonizó la gran insurrección obrera de 1934, la tierra de los maquis irreductibles, la cuna de Comisiones Obreras, la punta de lanza de la oposición sindical al franquismo, la circunscripción que devolvió al Parlamento a Dolores Ibárruri, *la Pasionaria*, en las primeras elecciones democráticas de 1977, pasó a llamarse Principado de Asturias, para recordar su nexo con el heredero de la Corona. Poco después, los Premios Príncipes de Asturias despegaron en Oviedo en busca de un protagonismo internacional que intenta rivalizar con los Nobel. Y, por último, aunque no lo último, doña Letizia Ortiz, esposa del príncipe Felipe, es nacida en Asturias. La princesa de Asturias es asturiana. Una circunstancia fruto del azar, sin duda. Pero está claro que en la carta astral de la Transición una fuerza invisible decidió establecer un fuerte nexo entre la monarquía y la Asturias ex republicana e insurreccional.

Bajando el puerto de Pajares, en dirección a León, comienza la verdadera España del Sur. En los pueblos de las cuencas mineras de León, rodeados por montañas siderales, el tiempo parece haberse detenido en la época de los teleclubs, donde tantos miles de españoles, desconectados de la brega de las grandes ciudades, oyeron a Adolfo Suárez decir aquello de «puedo prometer y prometo». León, la tierra del actual presidente del Gobierno, es una de las provincias españolas que más población ha perdido en los últimos diez años. León nunca ha sido Castilla. Zapatero lo sabe bien. León, Zamora y Salamanca remiten al antiguo reino de León. En abril de 2007 diez mil personas se congregaron en la capital leonesa para reclamar una comunidad autónoma formada por las tres provincias. León, Zamora y Salamanca, tal y como estudiábamos en la escuela quienes ya comenzamos a ser un poco veteranos. Una vieja reivindicación del regionalismo leonés, políticamente minoritario, que ha reverdecido, ¡oh, casualidad!, durante la estancia de José Luis Rodríguez Zapatero en el Palacio de la Moncloa. Un problema más para el Partido Popular, que gobierna la comunidad de Castilla y León desde la castellana Valladolid, la capital de España que no pudo ser, porque la corte de Felipe III se enamoró del villorrio de Madrid. (En Madrid no había obispado, por tanto no tenía una curia capaz de competir con los funcionarios del rey.)

La rivalidad provincial en Castilla y León es muy fuerte. Sin formar parte del antiguo reino leonés, Palencia también se siente un poco tierra de nadie; Segovia está siendo absorbida por el Gran Madrid; Ávila puede correr la misma suerte con el avance del AVE hacia Portugal, y Soria se dice olvidada, como Cuenca y Teruel. De las diecisiete comunidades autónomas existentes, posiblemente sea esta la que haya conseguido un menor grado de integración regional. Lo cual choca con el mito de Castilla, tan importante en la configuración ideológica de la España autoritaria del siglo XX, un mito tan presente, todavía, en las retóricas del nacionalismo catalán, vasco y gallego.

La Castilla de Machado, la Castilla amonestada por Rosalía de Castro, la Castilla a la que interpelaba Joan Maragall, en alguna medida ya no existe. Su lugar, como paradigma central, lo ha ocupado, a todos los efectos, Madrid, esa capital cosmopolita que se proclama abierta y superadora del nacionalismo y de cualquier otra variante del particularismo. Esa capital en la que las luchas por el poder (véase la última y cruenta batalla por el control político de Caja Madrid) hacen palidecer cualquier *vendetta* regional. Castilla sigue existiendo y a la vez se ha diluido en la gran megalópolis central.

Y en los próximos años, cuando se haga más evidente el peso de la España del Este, no habrá que olvidar que su verdadero contrapunto se halla más en los pueblos olvidados del Noroeste que en las rutilantes pasarelas de Marbella. Porque en los nuevos mapas, en las nuevas derivas, el Sur y el Norte no siempre están donde se les espera.

13

DESAFÍO AL PAPA

«—Señor, aquesta gente de Mastrique son diablos, son infiernos, no son hombres.

—¡Pues Mastrique ha de ser del rey de España!»

LOPE DE VEGA,
El asalto de Mastrique, 1614

Un mapa muy sugerente de la actual Europa magmática es el que logra superponer en un mismo plano los siglos XVII y XXI; el Siglo de Oro y el de Internet. ¿Cómo es ese mapa? En trama gris sobre blanco destacan España, los Países Bajos y Flandes. Y un poco más oscuro, el ojo vigilante de Roma.

Tiene dos lecturas que funden el tiempo histórico. En su versión 2.0 muestra los tres únicos países europeos (España, Bélgica y Holanda) en los que la unión entre personas de un mismo sexo ha adquirido estos últimos años el rango de matrimonio civil, sin distinción jurídica con el matrimonio de siempre, entre un hombre y una mujer. En la versión 1.6 estamos ante un doble cisma: el fermento luterano y el empuje mercantil de holandeses y flamencos, tutelados, desde el otro lado del Mar del Norte, por Inglaterra. Un anhelo de nuevos horizontes, de libertad de espíritu, de libertad de comercio choca con los designios del cada vez más atribulado Imperio español. Y del Papa de Roma. Europa cruje.

El día que el Congreso de los Diputados español aprobó la ley que autoriza el matrimonio civil entre personas del mismo sexo, el 30 de junio de 2005, nadie se dio cuenta de que la cartografía europea estaba sufriendo una modificación. Un cambio sustancial. ¿Nadie lo advirtió? Quizá sea demasiado taxativa la afirmación. Es muy posible que aquellos días, en el *terzo piano* (tercera planta) del Palacio Apostólico de Roma más de un cardenal de la curia fijase su atención en el enorme planisferio renacentista que decora el vestíbulo de acceso a la biblioteca de la Secretaría de Estado: un bellísimo mapamundi en el que el papel de España en el orbe católico es perfectamente interpretable. A la primera; sin ambigüedades. España, retaguardia del Papa. España, puente con América Central y América del Sur.

Sí, seguramente alguien se dio cuenta en Roma de que la cartografía europea estaba sufriendo una mutación. No tan espectacular y drástica como la del siglo XVII, pero con el suficiente significado histórico para mantener viva cierta analogía con la escisión de las Provincias Unidas, finalmente reconocida por Felipe IV en 1648. Y es que un hilo invisible, muy invisible, conecta el espectacular giro jurídico del concepto de matrimonio en la católica España con el tratado de Münster, una de las piezas clave de la denominada paz de Westfalia, que no fue un tratado, sino una suma de ellos.

Münster reconoció la independencia de los holandeses y algo más. La escisión holandesa alumbró un cambio ideológico e hizo bascular todo el equilibrio de fuerzas continental. Con el fin de la guerra de los Treinta Años —una auténtica sangría para la monarquía española—, acaba un periodo de turbulencias y empieza otro de mayor dimensión e incertidumbre. Triunfa el concepto francés de «razón de Estado» frente a la *universitas christiana* del Papa, la monarquía española y los príncipes alemanes. El Estado emerge como nuevo sujeto de las relaciones internacionales y se constituye, por tanto, en embrión de los futuros nacionalismos. El futuro está servido.

Francia se convierte en la nueva potencia hegemónica, a costa de España, que comienza a sumar debilidades. La pérdida de los Países Bajos, la extenuante campaña militar en Flandes, la independencia de Portugal y la abortada revuelta catalana de 1640, la ruina de la Hacienda pública, y, como colofón, la paz de los Pirineos con los franceses, marcan el inicio de la agónica decadencia española. También pierde poder e influencia el Sacro Imperio Germánico, convertido en una antigualla, condenado a un proceso de incierta reorganización y abocado a una espesa confederación, fuente de futuras e inquietantes excitaciones en el espíritu europeo, que un día, tres siglos después, se condensarán en el delirio del III Reich. Un poco más arriba, Suecia deviene la fuerza hegemónica en el Báltico, eclipsando a la batalladora Dinamarca. Y pierde, por supuesto, el Papa, cuyo poder temporal en el escenario europeo queda drásticamente disminuido. Una época se acaba. La religión baja un peldaño en la escalera de la alta política. Reforma y Contrarreforma establecen, finalmente, un statu quo. Lutero, en muy buena medida, triunfa en Westfalia.

Queda claro que estamos ante un mapa interesante. Turbador incluso, puesto que los enemigos de antaño, España y los Países Bajos, ya no son hoy polos opuestos, sino complementarios: aliados y propulsores de un nuevo paradigma laicista que inquieta a Roma tanto o más que aquella impertinente emancipación religiosa y política de los burgueses de Maastricht. Fijémonos bien en el mapa: los Países Bajos no se han movido de sitio, pese a la permanente amenaza del mar, pese al esfuerzo titánico que exigió la construcción de los pólderes. Las siete Provincias Unidas (Frisia, Groninga, Güeldres, Holanda, Overijssel, Utrecht y Zelanda) siguen donde estaban a mediados del siglo XVII: cerca de Lutero y lejos del Papa. ¡La que ha cambiado es España! La España de la Santa Inquisición, de la mística, de los grandes predicadores, de los soldados de la Contrarreforma y de las autoridades bajo palio. España es la novedad. ¡Bien lo sabe Roma!

En algún despacho del *terzo piano*, al otro lado del mapamundi, más de un cardenal sigue convencido de que José Luis Rodríguez Zapatero actúa a las órdenes de la Gran Logia de Estrasburgo, cuna de la masonería europea, con el avieso y tenaz objetivo de empujar el catolicismo a la marginalidad. Un plan perfectamente elaborado por fuerzas oscuras. Un plan que ya se habría manifestado durante los espesos debates de la malograda Constitución Europea, en los que la propuesta de incluir una referencia, ni que fuese genérica, a las «raíces cristianas» de Europa encontró una férrea y obstinada oposición de carácter transversal, no estrictamente circunscrita a las filas del socialismo europeo.

La idea de que Zapatero trabaja al servicio de la masonería está perfectamente afincada en determinados círculos de la jerarquía eclesiástica española, quizá con más convencimiento y furor que en Roma, donde toda sospecha siempre tiene el color pajizo de las aguas del río Tíber. Donde toda certeza siempre va acompañada de un *forse,* de un quizás muy italiano.

Los asesores de Zapatero ríen a mandíbula batiente cuando alguien les habla de la hipótesis masónica, la segunda gran teoría de la conspiración construida sobre los cimientos de la imprevista derrota del Partido Popular en las elecciones de marzo de 2004, una hipótesis mucho menos publicitada que la referida al trágico 11-M. Son dos supuestos que presentan cierto grado de complementariedad: ETA y unos ignotos servicios secretos, detrás de la masacre de Madrid, y el Gran Arquitecto Universal moviendo los hilos de la política española en materia de costumbres. Toda conspiración bien imaginada es radicalmente seductora. Siempre lo ha sido, como bien explica el escritor barcelonés Juan Carlos Castillón en el libro *Amos del mundo*, de recomendable lectura para tomar una sana distancia de toda concepción paranoica de la historia. La conspiración es consustancial a la incertidumbre humana, pero hoy se manifiesta como una necesidad biológica ante la aceleración creciente del proceso histórico. El recurso a la «conspiración» es uno de los flotadores que los hombres tienen a mano en la sociedad líquida de la que nos habla el sociólogo Zygmunt Bauman con la más sugerente de todas sus metáforas. Por alguna razón, en quioscos y librerías siempre han triunfado las novelas de enigma y misterio.

La legalización de los matrimonios gays en España es un genuino producto de la nueva dialéctica entre política y sociedad en un país ebrio de catorce años de crecimiento económico y poco habituado a los grandes debates ideológicos que tanto gustan en el resto de Europa, de los que la muy pragmática Transición huyó como gato huye del agua. Un país emocionalmente vinculado casi a un único objetivo: el desarrollo, la mejora, el progreso material. Una España pragmática, muy pragmática; tanto que algunos de sus comportamientos remiten de nuevo al «ande yo caliente y ríase la gente» de Luis de Góngora. Puro siglo XVII, por cierto: «Traten otros del gobierno / del mundo y sus monarquías, / mientras gobiernan mis días / mantequillas y pan tierno, / y las mañanas de invierno / naranjada y aguardiente, / y ríase la gente».

La noche del 14 de marzo de 2004 los socialistas se encuentran con más de once millones de votos en su haber, fruto de una movilización sin precedentes del electorado potencialmente orientado a la izquierda y al centroizquierda. Jóvenes sin apenas biografía electoral y abstencionistas de casi toda la vida han acudido a votar en masa por miedo a una victoria vindicativa del Partido Popular tras los atentados de Madrid. Muchos han querido castigar la altivez y soberbia de José María Aznar en el apogeo de su mayoría absoluta, y otros muchos han salido a defender la honorabilidad de una identidad política —las *izquierdas*—, ideológicamente difusa, pero sentimentalmente potente ante la presión moral que supone la tragedia del 11-M. Si es ETA la autora de la masacre, la izquierda de alguna manera es culpable. Si es ETA, un dedo acusador señala a los socialistas, vía Esquerra Republicana de Catalunya. Ese es el durísimo marco emocional por el que opta Aznar durante los cuatro días trágicos de marzo. Y su cortocircuito conduce al inesperado cambio de mayoría. Cuatro años después y con la reválida ya despejada, la perspectiva de aquellos días es bastante nítida: por varios motivos a la vez, un auténtico magma sociológico se agrupó alrededor del novel Zapatero.

Mucho antes de lo esperado, el PSOE alcanzaba de nuevo el Gobierno sin disponer de un programa electoral suficientemente modulado, ni un equipo ministerial bien seleccionado, como quedaría demostrado al cabo de unos meses. Zapatero era el mensaje y suya la responsabilidad de mantener cohesionada tan heterogénea base electoral.

La legislatura del «renacimiento» socialista fue mucho menos placentera de lo previsto por sus guionistas. Se ha caracterizado por cuatro grandes argumentos: 1) Una cierta acentuación de la redistribución socialdemócrata, hoy puesta en duda por la crisis económica (Ley de Dependencia y gradual mejora de las pensiones más bajas). 2) El fatídico «proceso de paz» con ETA, que a punto ha estado de devorar todo el relato zapaterista. 3) Una política de costumbres especialmente orientada a las mujeres, a los jóvenes y a los homosexuales, la más influyente y rica de todas las minorías hoy existentes en España. 4) La persistente caracterización del Partido Popular como un partido «carca», reaccionario y mentiroso.

Ofensiva en cuatro frentes, por tanto, con las dos últimas líneas de acción retroalimentándose: la política de ruptura generacional provoca a los sectores más conservadores de la sociedad y éstos, presos de una tremenda excitación, dan realce a las modificaciones normativas del Gobierno, dificultando, una y otra vez, el desplazamiento del PP hacia aguas más templadas.

Este es el cuadro real que alumbra la legalización de los matrimonios gays en España en el verano de 2005. Y de este cuadro costumbrista —experimento progresista sobre un fondo de relativo bienestar y de ebriedad económica en algunos sectores sociales— sale el hilo que nos lleva de nuevo a los Países Bajos. El hilo cuya vibración tanto atemoriza al Vaticano.

«La Santa Sede siempre estará en contra de todo aquello que ponga en peligro o perjudique a la monarquía católica española, porque la monarquía es la garante del papel histórico de España en el orbe católico: refuerzo de Roma ante la perenne fragilidad italiana y puente con Latinoamérica. Ello explica que el Vaticano siempre haya sido muy renuente al nacionalismo catalán, y, en menor medida, al vasco, puesto que éste ha gozado de la protección de la Compañía de Jesús.» Son palabras, sabias palabras, del historiador Josep Maria Benítez, sacerdote jesuita, profesor de Historia de la Iglesia, y ex decano de la Facultad de Historia de la Universidad Gregoriana de Roma, pronunciadas a finales de los años noventa, cuando mucha gente en Barcelona se preguntaba por qué diablos —buen momento para mentar el Innombrable— el papa Juan Pablo II no incorporaba el catalán en sus salutaciones plurilingües tras la bendición urbi et orbi. Si saludaba en esloveno, por qué no lo hacía en catalán, que le supera claramente en número de hablantes. «Porque el Papa nunca hará nada que pueda alterar el statu quo español», respondía Benítez, que de Roma sabe mucho.

Pues bien, el 30 de junio de 2005 el statu quo fue alterado. Tanto que algunas voces llegaron a plantear la hipótesis de que el rey Juan Carlos, siguiendo la estela del fallecido Balduino de Bélgica, que abdicó durante treinta y seis horas en 1990 para no tener que sancionar la ley del aborto, se negase a firmar el matrimonio civil entre personas del mismo sexo. La Conferencia Episcopal Española emitió un comunicado pidiendo a todos los políticos y funcionarios católicos que se abstuviesen de apoyar y aplicar la nueva ley. Consultado por la prensa, un portavoz del episcopado especificó que el llamamiento también alcanzaba a la más alta magistratura del Estado. «Que haga como Balduino», era la voz que corría por Madrid, por el Madrid que considera inaudito que los socialistas vuelvan a gobernar. Y el Rey de España, que no es Balduino de Bélgica, ni señor de Valonia y Flandes, firmó.

El statu quo España-Vaticano quedó alterado, aunque formalmente sostenido por las cláusulas del denominado concordato. El «zapaterismo» se convertía en el nuevo talismán de las maltrechas izquierdas europeas, siempre sedientas de un «modelo», de un éxito al cual seguir la estela. El atrevimiento del presidente español fascinaba en Italia, donde el bloque político convencional —de derecha a izquierda— nunca hará nada que pueda molestar seriamente al Vaticano. Y se proyectaba con fuerza sobre los países de Latinoamérica, donde el catolicismo lleva años cediendo terreno a las iglesias protestantes de propulsión estadounidense. En Roma saltaban todas las alarmas. Y no hay noticia de que hayan callado, pese a las inteligentes modulaciones de la diplomacia vaticana, perfectamente expresadas durante el prudente viaje del papa Benedicto XVI a Valencia, en julio de 2006.

Con un pie en el freno, observándose con mucha cautela, pero sin ánimo de grandes concesiones mutuas, la Iglesia católica y el PSOE de Zapatero se hallan desde 2004 en una muy incierta ruta de colisión. La «reacción» de la jerarquía católica proporciona identidad a la filiforme izquierda española en un momento objetivamente anémico para la socialdemocracia continental, mientras que los avances en punta del PSOE turban enormemente al Vaticano y confirman las más pesimistas de sus tesis: la pervivencia de la identidad cristiana en Europa puede estar en peligro. No es poco, casi cuatro siglos después del primer desgarro holandés.

¡Alto ahí!, nos advertirá ahora un socialista español de vocación laica, el diputado asturiano Álvaro Cuesta, por ejemplo. Alto ahí, porque en su primera legislatura, Zapatero afrontó lo que Felipe González y José María Aznar dejaron para otro día: el ajuste de la situación financiera de la Iglesia católica mediante una mayor cuota de las aportaciones voluntarias del IRPF: del 0,3 al 0,7 %. Alto ahí, porque hacía muchos años que la Iglesia tenía que mendigar al Gobierno una dotación complementaria, ya que el volumen de las aportaciones voluntarias siempre quedó por debajo de lo previsto. Alto ahí, porque el salto del 0,3 al 0,7 % certifica la existencia de una Iglesia potente en las alturas, pero débil en la base. Alto ahí, porque se impone, rotunda, la siguiente pregunta: ¿qué Gobierno supuestamente enemigo de la cristiandad y entregado a la conspiración masónica elevaría la cuota de los donativos voluntarios a la Iglesia católica? Alto ahí, cuidado con las comparaciones luteranas y con las monsergas del siglo XVII, porque el Tribunal Constitucional ha sancionado por unanimidad —y ello tiene un preciso significado político— que los profesores de religión en la enseñanza pública se deben a la autoridad de sus respectivos obispos.

Es cierto, el Gobierno «laicista» de Zapatero ha mejorado el estatus financiero de la Iglesia católica, ajustándolo a la realidad social. Y es igualmente cierto que el Tribunal Constitucional ha reconocido por unanimidad que hay un territorio de la enseñanza pública —un servicio del Estado— que se halla bajo jurisdicción episcopal. Ninguna otra confesión religiosa recibe el mismo trato en España. Y ninguna otra confesión religiosa ha enmarcado la historia, la tradición y la psicología españolas como el catolicismo.

Pese a las discrepancias, pese a los temores y pese a las dramatizaciones, que de todo hay en los dos bandos, la *realpolitik* nunca se ha ausentado de las relaciones entre el Gobierno socialista y la Iglesia, en manos de la vicepresidenta María Teresa Fernández de la Vega y del cardenal Antonio Cañizares hasta marzo de 2008. A partir de esa fecha, la interlocución episcopal corre ahora a cargo de Ricardo Blázquez, obispo de Bilbao, directamente supervisado por el cardenal Antonio María Rouco Varela. Y desde el verano de 2008, un antiguo colaborador de Blázquez en la diócesis de Bilbao, el socialista vasco Carlos García de Andoain, fundador en el PSOE de la corriente Cristianos Socialistas, asesora a la vicepresidenta sobre los asuntos religiosos. Los puentes existen y son más transitados de lo que parece.

Podríamos resumirlo así. El Gobierno Zapatero ha «objetivado» las relaciones con la Iglesia católica, ha achicado los espacios de ambigüedad. Ha recortado los puntos suspensivos. Más claridad en las cuentas, frío respeto institucional, y cada uno en su casa. No es seguro que este sea el escenario que más interesa a la Iglesia. La bonificación del 0,7 % ya fue interpretada por algunos sectores católicos como el intento gubernamental de «comprar» a la Iglesia: mayor flujo de dinero (aportaciones voluntarias, no lo olvidemos) a cambio de una mayor prudencia eclesial ante las iniciativas del Gobierno en materia de educación y costumbres. ¿Dinero seguro a cambio de silencio? No nos consta que la Iglesia haya estado callada estos últimos años.

El conflicto es ideológico. La Iglesia católica reclama su lugar en el espacio público, idea central en el pensamiento del papa Benedicto XVI. Y el socialismo laico que Zapatero encarna con rasgos de radical republicano del siglo XIX insiste en una estricta separación de ambas esferas. Ningún otro gobernante del entorno europeo es tan tajante al respecto. Porque en el resto de Europa el cuadro imperante hoy no es nada desfavorable a los intereses católicos. La «correlación de fuerzas», por decirlo a la antigua usanza, comienza a ser favorable al papado alemán.

En Francia, Nicolas Sarkozy, acompañado de Carla Bruni, recibe a Benedicto XVI en las estancias presidenciales del Elíseo (quién se lo iba a decir a la atractiva vampiresa de Turín) y aboga por un «laicismo positivo»: nuevo enfoque de la relación Iglesia-Estado, que ofrecería amplio espacio a la Iglesia en la plaza pública. La religión tiene algo que decir y debemos escucharla; no podemos recluirla en una dimensión estrictamente privada, sostienen el presidente francés y la intelectualidad parisina que le asesora. En Alemania, en coalición con los fatigados socialdemócratas, manda un partido confesional: la CDU-CSU, sólida alianza de la democracia cristiana (católica y protestante) y el conservadurismo católico bávaro. No es la antigua Democracia Cristiana italiana, que en la práctica era el partido del Papa, pero es una formación confesional que dirige la cancillería de Berlín. Una alianza cristiana, alemana y bávara. Nada mejor para Joseph Ratzinger. En Gran Bretaña, el ex primer ministro Tony Blair se acaba de convertir al catolicismo y la Iglesia anglicana parece haber entrado en una lenta fase de disolución que favorece a Roma. En Portugal, la Iglesia y el Gobierno socialista han sabido mantener unas correctas relaciones. Los portugueses tienden siempre a la suavidad y la moderación. En Polonia, algunos, tras la apabullante victoria sobre los soviéticos, se han pasado tres estaciones. El principal problema del Vaticano es hoy el sector católico que se ha deslizado hacia un populismo desaforado, siguiendo las consignas de la díscola Radio María (la Cope polaca), que los obispos no acaban de controlar. En Austria, la democracia cristiana también gobierna en coalición, al igual que en Bélgica y Holanda. Sólo España, la España de la Contrarreforma, la España de los dominicos, la España de los jesuitas, la España del Opus Dei, la España que dio el título de Cruzada a una dramática Guerra Civil, escapa a un cuadro claramente favorable a un retorno matizado del confesionalismo.

El Gobierno Zapatero lo sabe e intenta convertir esta singularidad española en capital político. La segunda legislatura socialista ha arrancado con una batería de propuestas bastante elocuentes al respecto: reforma de la Ley del Aborto en clave liberal; redacción de una nueva ley de libertad religiosa que daría un poco más de protagonismo a las demás confesiones y reduciría la presencia de la simbología católica en determinadas facetas de la vida pública (actos de toma de posesión, funerales de Estado, arzobispado castrense...), y promesa de una posible legislación de la eutanasia. Zapatero y el PSOE ya han puesto sus fichas sobre el tablero. Jugarán con calma, acelerando o frenando según convenga, pero siempre con el objetivo de mantener vivo el debate ideológico, acentuado en los últimos tiempos por una evidente radicalización laicista de la prensa que más simpatiza con el Gobierno.

Algo del siglo XIX está regresando a España: cierta radicalidad anticatólica como signo de identidad política e ideológica, en un momento de extrema confusión, por la abrupta crisis económica, por la aceleración y transformación de las redes de comunicación social, por las tensiones territoriales, por la disminución de la hegemonía incuestionable de Occidente... En fases así, donde la orientación es muy difícil, los buenos asideros cotizan alto. El anticlericalismo es uno de ellos. El PSOE y algunos de sus amigos más influyentes se mueven hoy en estas coordenadas.

La Iglesia también ha modificado su juego. Lo está modificando. Con contradicciones, sin embargo. Roma parece haber captado que no hay que subestimar a Zapatero como adversario y también parece haber entendido que una reacción radical e intransigente del catolicismo español a las iniciativas del socialismo libelista acaban siendo contraproducentes. En estas coordenadas hay que situar los intentos de Roma y de una parte sustantiva del episcopado español de corregir, ni que sea paulatinamente, el delirio extremista de la Cope, fenómeno sólo comparable a la ultra Radio María de Varsovia. Bajo estas coordenadas cabe interpretar las discrepancias entre los cardenales Cañizares y Rouco Varela. Y bajo estas coordenadas habrá que analizar los futuros cambios en el episcopado, en el plazo de dos a tres años, que muy probablemente acentuarán el sesgo moderado de la Iglesia.

En una España que pronto redescubrirá la familia, Cáritas y la beneficencia católica como necesarios colchones de amortiguación social.

El pulso es apasionante. En esta materia, a los españoles no les gana nadie. Así en el siglo XVII, como en el XXI.

La tensión Gobierno-Iglesia católica es un componente básico de la segunda fase del PSOE como partido dominante en España. Ambos actores necesitan cierto grado de tensión perpetua, porque ambos ven peligrar su identidad. Para José Luis Rodríguez Zapatero, la ampliación de las libertades individuales es hoy la principal bandera de un socialismo que no puede plantearse un efectivo gobierno de la economía, ni en clave nacional (porque el viejo espacio nacional-estatal se halla muy desbordado), ni en clave global, puesto que no existen los instrumentos para ello. En tales circunstancias, la colisión con la tradición en nombre de las libertades individuales deviene un excelente y ventajoso campo de batalla. Y una fuente de identidad. El anticlericalismo rellena los huecos programáticos de la vieja socialdemocracia. Para defenderse del futuro, el PSOE puede que haya comprado un billete de regreso al siglo XIX.

Y la Iglesia española aún no ha aprendido a desprenderse del palio, pese a los esfuerzos de quienes condujeron inteligentemente sus pasos durante la Transición. Sueña todavía con la tutela del Estado. Con un oficialismo que la mayoría social no acepta. El Vaticano tiene dificultades para traducir al castellano sus deseos de una política eclesial más sutil, más inteligente y menos expuesta al choque frontal. Las tensiones que genera la emisora Cope en el orbe católico son la mejor muestra de ello. La ruta es de colisión, pero ambas partes saben medir sus pasos. Su velocidad y su tiempo. Y la crisis puede cambiar algunos importantes registros de fondo: vuelven la familia, vuelve Cáritas y vuelven los comedores sociales. La cuestión religiosa —no resuelta en la Transición— será uno de los asuntos apasionantes de la política española en los próximos años.

Es domingo y un canario canta en el palacio arzobispal de Toledo. Hace calor, un calor marroquí, seco, imperial, en el centro de la ciudad, atestada de turistas. Hay colas para visitar El entierro del conde de Orgaz, *el más famoso de los cuadros del Greco, en la iglesia mudéjar de Santo Tomé. Toledo crepita y las puertas del palacio arzobispal están cerradas a cal y canto. En su interior reina una serena tranquilidad. Un silencio sin espera. Doseles y retratos de antaño se conjugan con un mobiliario austero y conciliar. Siglo de Oro y años sesenta. Fórmicas y arpilleras parecen a punto de cantar «¡Kumbayá, oh, Dios, kumbayá!», bajo la mirada severa de los condestables de Castilla. Todo es silencio. Salvo el canario saltarín.*

El cardenal Antonio Cañizares Llovera, arzobispo de Toledo, es un hombre menudo y tenso; vivaz bajo la obligada contención sacerdotal. Con esa energía de los hombres bajos, que va de abajo arriba como un puñetazo, desafiando el orden injusto de las proporciones. En Granada, ciudad de la que fue arzobispo a finales de los años noventa, le llamaban el Submarino. El narcisismo andaluz es rápido y cortante como una navaja cuando improvisa bromas y chascarrillos. Es rápido, perspicaz y juega en el límite de la crueldad. Le llamaban el Submarino porque el báculo era demasiado alto para su estatura y emergía como un periscopio.

El cardenal Cañizares Llovera no es un hombre sumergido. Avanza al frente de unas imaginadas tropas pontificias lanzadas al galope para frenar a la horda laicista que invade el solar español. Habla claro el arzobispo: «Si se pierde la identidad cristiana, Europa va al desastre». En ambientes eclesiásticos, donde la ironía suele ser más cortante que en las vegas de Andalucía, el cardenal Cañizares también es conocido como el Pequeño Ratzinger por haber dirigido el secreta-

riado español de la Congregación para la Doctrina de la Fe, el temido dicasterio romano que vigila la ortodoxia católica, durante años presidido, con mano de hierro, por el cardenal alemán Joseph Ratzinger, hoy Benedicto XVI. Hay otro paralelismo interesante entre Cañizares y el actual Papa. Ambos simpatizaron en su juventud con la teología progresista. Es conocida la antigua amistad de Ratzinger con Hans Küng, el gran disidente de la Iglesia católica. De joven, Cañizares también fue amigo del «otro bando». Profesor durante más de una década del Instituto de Pastoral León XIII, confraternizó con Julio Lois, Casiano Floristán, Luis Maldonado y Jesús Burgaleta, todos ellos identificados con una lectura «progresista» del Concilio Vaticano II.

¿Pudieron más los imperativos de la carrera eclesiástica que las ideas de juventud? A primera vista, no lo parece. En su despacho del palacio arzobispal toledano, monseñor transmite mucha convicción. Una convicción imperativa, muy propia del alma castellana, pues Antonio Cañizares nació en Utiel, provincia de Valencia, localidad visigoda conquistada por los árabes y ardorosamente recuperada por los castellanos. Linda con la provincia de Cuenca y es totalmente castellanohablante, circunstancia muy a tener en cuenta en el mosaico valenciano.

El cardenal primado defiende con ahínco las tesis de Ratzinger, sin esa sfumatura *(el matiz, la verdad difumada) tan propia del clero italiano, todavía dominante en la curia romana. El castellano en sí mismo —y con más motivo, el valenciano plenamente castellanizado— no ha venido al mundo para perder el tiempo con el difumino. El castellano en sí mismo cuando cree una cosa, la cree de verdad, con todas sus consecuencias. Al pan, pan, y al vino, vino. Por tanto, si el Papa dice que la Europa cristiana está en peligro, hay que actuar en consecuencia, y cuanto antes mejor. O sea: hablar claro.*

En la primera legislatura de José Luis Rodríguez Zapatero, de no haber existido la vehemencia del cardenal Cañizares, el PSOE se la habría inventado. Las furias del arzobispo de Toledo identificando la nueva asignatura de Educación para la Ciudadanía con el advenimiento del Mal fueron agua de mayo para el equipo electoral socialista, necesitado de fermentos de cohesión de su heterogéneo electorado. Y no hay cosa que cohesione más a un español medianamente identificado con la izquierda que asistir a una bulliciosa embestida ideológica de la Iglesia.

Ratzinger impera en Italia, donde la jerarquía católica ha logrado mantener una influencia cultural muy notable, con un sensible arraigo en el campo sociológico de la izquierda. Nada importante se decide en Italia sin el consenso de la Santa Sede. Un ejemplo. Un ejemplo relevante: Silvio Berlusconi, ciego entusiasta de la política de Bush en los tiempos de la aventura iraquí, amigo del alma de José María Aznar, entrañable colega de Tony Blair y defensor acérrimo de cualquier causa enunciada en nombre de Occidente con trompetas y clarines, se abstuvo de participar en la célebre reunión de las islas Azores en la primavera de 2003. Unos días antes fue invitado a compartir un sencillo almuerzo con el papa Juan Pablo II en las estancias privadas del Palacio Apostólico y en Roma todavía se comenta la vehemencia con que el anciano pontífice le explicó su oposición a la invasión de Irak. Dicen que aquella tarde, una mano anciana golpeó repetidas veces la mesa del comedor pontificio.

El Papa de Roma manda mucho en Italia, influye intelectualmente en Francia y en Alemania e irradia en Latinoamérica, pese al avance de las sectas evangélicas. Pero España es distinta. España es católica, por supuesto. Lo es rotundamente en términos históricos. Lo es con toda claridad en el enorme mapamundi renacentista que adorna la Secretaría de Estado del Vaticano. España es católica, pero los españoles obedecen muy poco a sus obispos, una vez superado el trance franquista. En España rige el «catolicismo difuso», sfumato. *Que abriga, pero no ahoga. Que conforma una mentalidad, pero no una obediencia jerárquica y generalizada.*

¿Qué es el catolicismo difuso? Podría resumirse así: una tradición cierta, un cuadro de valores moralizante y mucho más interiorizado de lo que parece (en los últimos años no ha habido mejor defensa de la familia en España que la serie de televisión Los Serrano*), una reacción generacional contra la intromisión de los eclesiásticos en la esfera privada, y una relativa vigencia de la religiosidad popular o folclórica, ya que a la gente le sigue gustando organizar bodas, bautizos y primeras comuniones. Y las procesiones de Semana Santa constituyen un fenómeno inigualable.*

El catolicismo difuso tiene diferentes tonalidades territoriales. En Catalunya, seguramente el lugar donde el fenómeno resulta más claramente perceptible, está muy entrelazado con la izquierda y con cierta tradición «jansenista» (catolicismo nacional francés con tonalidades de rigor luterano) de la menestralía y de la mediana burguesía; un eco casi protestante: seriedad, sublimación del trabajo, un punto de austeridad, contención, cierta represión de los instintos. En Valencia se conecta con una religiosidad popular vivísima y claramente antijansenista («de los pecats del piu, Nostre Senyor se'n riu»*, decía san Vicente Ferrer en sus vibrantes sermones). En el País Vasco, tardíamente cristianizado, se sigue teniendo como telón de fondo uno de los lemas más inquietantes de Loyola: «peregrinos de lo absoluto». En Andalucía la religión es fiesta y encuadramiento social. En Galicia va del brazo de un espíritu ancestral que rinde culto al lugar, al linde, a la ermita, a las piedras de la catedral de Santiago...*

Los obispos han perdido influencia sobre sus feligreses, pero ello no significa que carezcan de poder. La Iglesia es-

pañola, retaguardia, puente con América y faro de Occidente, ya no es lo que fue, pero ha conservado importantes posiciones de su antigua hegemonía: ejerce una influencia nada menospreciable en la magistratura, muy concretamente, en la alta magistratura; en influyentes círculos económicos y profesionales; y gestiona una cuota muy importante de la educación de los hijos de las clases medias, medias-altas y de las elites económicas. En la ciudad de Madrid, con especial intensidad. Dicho en pocas palabras, la jerarquía católica flojea mucho por abajo, pero sigue teniendo una gran influencia por arriba.

La Iglesia influye en la magistratura. Desde este punto de vista, sigue siendo muy sorprendente que el Gobierno Zapatero decidiese adentrarse a toda vela en el denominado «proceso de paz» con ETA, manteniendo a la par un serio enfrentamiento con la Iglesia. La alta magistratura se mostró de inmediato inflexible. Y sin la cooperación de los jueces, no hay, ni podrá haber medidas de clemencia sobre la mesa. Algo de ello percibió José Luis Rodríguez Zapatero tras la visita del Papa a Valencia en julio de 2006 —durante unos meses, el presidente del Gobierno se deshacía en elogios de Benedicto XVI en algunas de sus conversaciones privadas—, pero finalmente se impuso la lógica del enfrentamiento, rentable a corto plazo para las dos partes.

La coral católica española, sin embargo, no forma un bloque tan compacto como parece. La disidencia del sector «progresista» es evidente y conocida, pero, digámoslo claro, escasamente relevante, a excepción de Catalunya, el País Vasco y algunas diócesis andaluzas, donde persiste la influencia «montiniana» (el magisterio de Pablo VI) y las lecturas más genuinas del Concilio Vaticano II. Hay otros matices interesantes. En los últimos tiempos se han observado distintas tomas de posición en el interior de lo que podríamos denominar el bloque mayoritario. Sectores de la misma jerarquía, y del

Opus Dei, organización donde siempre ha primado la inteligencia, han empezado a formular con mayor claridad planteamientos «moderantistas», conscientes de que un choque excesivamente frontal con el laicismo de izquierdas es perjudicial para el prestigio social de la religión, y de que toda lucha por la hegemonía requiere siempre la construcción de planos transversales, de puentes, de sutiles alianzas... hasta alcanzar el dominio del decisivo «espacio central».

Monseñor Cañizares, castellano de Valencia, hombre de sólidas convicciones, duro con el Gobierno desde el púlpito y dialogante con la vicepresidenta María Teresa Fernández de la Vega cuando ocupaba la vicepresidencia de la Conferencia Episcopal Española y suya era la misión de negociar con el socialismo gobernante, también ha dado muestras de ductilidad y de una gran inteligencia operativa. La corrección de rumbo que la Iglesia ha comenzado a imprimir, lentamente, muy lentamente, a la emisora Cope es obra de Cañizares. En un momento determinado, el cardenal primado de Toledo dijo ¡basta! ¿Por qué? Posiblemente, porque comenzó a ser sensible a las opiniones de aquellos católicos que llevaban tiempo advirtiendo a la jerarquía de que la delirante agresividad de la emisora católica significaba un grave perjuicio para la Iglesia. Cañizares, con toda seguridad, también prestó oídos a las crecientes reticencias de Roma a la manera como el cardenal Antonio María Rouco Varela, amigo personal del Papa, enfocaba su nuevo ciclo como presidente de la Conferencia Episcopal. En Roma no gusta la Cope iracunda y no gusta que el cardenal Rouco Varela, apreciado por el Papa, actúe como el «Papa de España».

14

SOSTIENE OLIVARES

> «No es posible una futura civilización española, ni es posible una futura civilización portuguesa. Es posible una futura civilización ibérica.»
>
> FERNANDO PESSOA,
> *Reflexiones sobre Iberia*, 1930

Si la Península Ibérica fuese una balsa de piedra, como imagina José Saramago en una de sus novelas, los dos remos más largos estarían apoyados en Lisboa y Barcelona. Si Iberia fuese un ángel, las alas serían Portugal y Catalunya. Alas, sí, señor. Alas prestas a volar, como en 1640, cuando Portugal se fue y Catalunya quedó amarrada en el último momento a la balsa pétrea, por el conde duque de Olivares. Como el del capítulo anterior, este mapa de la península nos lleva de regreso al siglo XVII, a la vez que nos habla del presente. Es el mapa de una escisión. De una gran crisis. Del inicio de una lenta y cruel agonía que, siglos después, conduciría a la más sangrienta de las guerras civiles españolas. Es también el mapa de un precario equilibrio de fuerzas. Puede inducir a la desorientación y acaso hable de una oportunidad, seguramente quimérica.

En la película *Alatriste*, frustrado intento de llevar a la gran pantalla una nueva épica nacional-española, aparece el conde duque de Olivares muy atribulado trajinando papeles en su gabinete. El poeta Quevedo y el sobrio capitán Diego Alatriste (hispánico espadachín al que el actor Viggo Mortensen da un delirante acento escandinavo) han sido convocados y observan expectantes. El valido de Felipe IV les explica que el imperio está en peligro. Y les muestra un mapa. El mapa. Dice, nervioso, Olivares: «Podemos perder Flandes, Portugal se ha rebelado y los catalanes están a punto de hacerlo».

Y la película, en su texto subyacente, añade: el peso de la historia cae sobre los hombros del primer ministro, un hombre solo, una inteligencia aislada, mientras los bravos soldados mueren en Flandes, la Iglesia conspira, cabildea y sólo busca acumular más poder; mientras la monarquía y la aristocracia viven del cuento. Y aún añade más el creador de la serie *Alatriste*, el novelista Arturo Pérez-Reverte, un hombre sin muchos pelos en la lengua: el buen pueblo es siempre traicionado por los de arriba. Exitoso y astuto, Pérez-Reverte repite ese lamento en casi todas sus novelas: el buen pueblo desaprovechado por el mal gobierno, por la miseria de los políticos; la gloria nacional olvidada y pisoteada... Un artilugio verdaderamente eficaz que conecta con un sentimiento español tan antiguo como profundo. El viejo dicho castellano: «¡Qué buen vasallo, si oviese buen señor!».

Efectivamente, Portugal y Catalunya se rebelaron al ser convocadas a la Unión de Armas. Por distintas razones, portugueses y catalanes no querían pagar los costes extras de un imperio que comenzaba a ser extenuante, como tampoco lo había querido pagar la protoburguesía de las principales ciudades castellanas, más de cien años antes, apenas llegado a España el joven Carlos de Habsburgo, emperador de Alemania y nieto de los Reyes Católicos. Por ello se levantaron los Comuneros. Y lo pagaron con su cabeza. Toda hegemonía tiene un precio y el que exigían los Austrias acabó poniendo en tensión a los dos principales centros mercantiles de la península: Lisboa y Barcelona.

Con Olivares al mando, se busca cómo optimizar los recursos provinentes de Castilla y las Indias, en periodo de vacas flacas; se envían reclamos de ayuda a las oligarquías urbanas; se intenta ahorrar en créditos bancarios, y se diseña un plan militar, la Unión de Armas (una fuerza estable de 140.000 reservistas pagados por las distintas provincias, reinos y virreinatos, teóricamente de acuerdo con sus posibilidades). La Unión de Armas, sin embargo, no es sólo el instrumento militar necesario para fortalecer un imperio que comienza a sentirse acechado. Es también un proyecto político de fuerte calado. Es el primer intento serio de homogeneización del mosaico peninsular. Portugal, con sus ambiciones de ultramar todavía vivas, se opone y reaviva la melancolía «sebastianista»: una fuerte corriente mesiánico-popular que espera el mágico regreso del rey don Sebastián, muerto y desaparecido en 1578 en la batalla de Alcazarquivir, cerca de Fez, en el norte de África, a consecuencia de lo cual el trono portugués quedó vacante y acabó en manos de Felipe II. Catalunya, entreverada, pugnaz, declinante en el Mediterráneo, con fuertes tensiones internas (como hoy) e influida por los intereses de Francia, también dice no, pese a los múltiples intentos de convencer a las cortes catalanas.

En *España, proyecto inacabado*, el historiador Antonio Miguel Bernal ofrece un relato muy interesante de porqué Portugal consigue la independencia y Catalunya no. «Catalunya —escribe Bernal— permanece en el ámbito de la Monarquía porque las tropas destinadas a su recuperación fueron pagadas con la moneda acuñada de las remesas americanas, en buena plata, mientras que Portugal logra la independencia, aparte de por méritos propios, porque los mercenarios empleados para su recuperación fueron pagados tarde y mal, con moneda devaluada.» Un mal ducado de plata decidió el futuro peninsular.

Y una moneda de nuevo cuño hoy lo vuelve a replantear. La definitiva integración de España y Portugal en el núcleo duro de la unidad europea (la zona euro) ha abierto una dinámica poco imaginable hace sólo quince o veinte años. Una dialéctica que fue intuida por el dictador portugués António de Oliveira Salazar en plena guerra fría. En un libro de reciente aparición en Portugal *(Máscaras de Salazar)*, el escritor Fernando Dacosta pone en boca del dictador esta frase, pronunciada en los años sesenta: «El día que el capitalismo gane definitivamente la guerra fría y perdamos las colonias, Portugal sufrirá».

Muy distinto de Franco, mucho más solitario que Franco, Salazar era un autoritario hermético. Su única pasión conocida era el poder. Aunque se le atribuyen varias amantes, vivió siempre solo, acompañado por una adusta mayordoma *«A Senhora»*, sobre la que aún circulan toda suerte de leyendas. Por las mañanas *«A Senhora»* salía del palacio presidencial y se dirigía al mercado más próximo para vender los huevos del gallinero que el jefe del Estado tenía en su jardín. Era costumbre de Oliveira Salazar pagar de su bolsillo los gastos de su estancia en la residencia de verano. Salazar fue un dictador contable. Depresivo como un heterónimo de Fernando Pessoa. Maquiavélico. Solitario. Un dictador civil. Distante de los militares —que en abril de 1974 acabarían con su régimen y con su sucesor, Marcelo Caetano, mediante una revolución pacífica que dejó boquiabierto a medio mundo— y de la Iglesia católica, menos acostumbrada al palio que en España, Salazar intuyó perfectamente el futuro: hoy Portugal sufre.

Portugal padece en el actual magma europeo un serio problema de escala. Es demasiado pequeño para competir con ventaja y el gran océano de la globalización se niega a devolverle lo que la historia contemporánea le quitó hace apenas treinta años. Las antiguas colonias africanas se hallan demasiado lejos y han sido atrapadas por nuevas órbitas, por nuevas lógicas. Angola y Mozambique, desangradas por dos tremendas guerras civiles tras ser emancipadas a toda prisa por la revolución de 1974, comienzan a articular cierto espacio regional africano bajo el liderazgo de la emergente Sudáfrica. Angola ha registrado en los últimos años unas tasas de crecimiento económico espectaculares. Los conocedores del continente africano señalan que podría llegar a disputarle el liderazgo regional a Sudáfrica. Más arriba, en el turbulento golfo guineano, la pequeña Guinea-Bissau es una ruina. Y Cabo Verde ve pasar las ballenas mientras canta Cesárea Évora. No, el océano no le ha devuelto nada, o muy poco, a Portugal.

La revolución de abril de 1974 fue uno de los grandes acontecimientos de los trepidantes años setenta, sin lugar a dudas. Marcó sentimentalmente a toda una generación, unos meses atrás conmocionada por el golpe de Estado en Chile (septiembre de 1973). Pero desde el más estricto realismo político, fue la última gran jugada maestra de la Unión Soviética en el tablero internacional. Puso a la OTAN en jaque en Lisboa y alteró drásticamente el reparto de fuerzas en África.

Entregada Macao a China, en el Pacífico sólo le queda a Portugal el mal recuerdo del minúsculo Timor Oriental, devorado inmediatamente por Indonesia al serle concedida la independencia. Al otro lado del Atlántico podrían estar las grandes noticias portuguesas, pero Brasil es demasiado grande, demasiado gigantesco. No, el océano no le está devolviendo a Portugal lo que la modernidad le quitó. El océano le recuerda hoy su soledad, esmaltando la melancólica luz blanca de Lisboa.

A su poderoso y temido vecino, España, el océano de la globalización sí que le ha devuelto lo que el siglo XVII comenzó a arrebatarle; lo que la paz de Westfalia puso en jaque por los siglos de los siglos hasta llegar al drama de 1936. España está recuperando un lugar fuerte en el mundo, pese a los delirios, los errores y las turbulencias de su bulliciosa política interna. El océano ha devuelto Latinoamérica como espacio de expansión económica y ha regalado una veloz goleta a la lengua castellana para que dé la vuelta al mundo como segundo idioma de uso internacional. No es poco. Después de beneficiarse de un auténtico Plan Marshall europeo, España ha recuperado su dimensión «subcontinental», más aireada, más enérgica, más potente, lejos de la miserable dimensión «africana» que consignó Stendhal en sus notas sobre la vida de Napoleón. España es hoy un país socialmente ebrio (por los excesos de la especulación), que ha comenzado, con más prisa que pausa y con unos modales francamente mejorables, el proceso de «reunificación» peninsular nada utópica en términos reales. (Términos reales = relación de fuerzas, políticas y económicas.)

El proceso está en marcha. Lo que un puñado de ducados devaluados hizo perder en 1640, lo está recuperando el euro. El empresariado español ha comenzado a comprar los principales nódulos económicos de Portugal: distribución comercial, construcción, banca y, últimamente, medios de comunicación. «¡Hemos de proteger los centros de decisión nacional!», clamaba hace un año el presidente Aníbal Cavaco Silva ante la ofensiva de La Caixa catalana sobre el Banco Português do Investimento (BPI).

El nobel Saramago, que no es estimado de manera desbordante en Portugal, se atrevió a verbalizarlo a mediados de julio de 2007 en una entrevista con el *Diario de Noticias* de Lisboa, periódico del que fue subdirector en los años setenta. «Llegará el día en que Portugal será parte de España y la península quizá tomará el nombre de Iberia.» Los huesos del rey don Sebastián se removieron en su tumba ignota. Clamaron los editoriales —«¡Saramago no sabe defender la dignidad de Portugal!»—, y procuraron disimular los «iberistas», conscientes de que Saramago, estrella polar del actual firmamento progresista, no les ayudaba en absoluto. Disimularon también los lobbistas de las empresas españolas en Portugal, temerosos de las consecuencias negativas de tan provocadora declaración. Y sin embargo, la balsa de piedra, lentamente, va tomando forma.

Portugal atraviesa un momento de cierta crisis, material y espiritual. Su crecimiento económico (1,3 % en 2007) ha sido durante los últimos años claramente menor que el español. Portugal padece una serie de fatigas estructurales —fuerte corporativismo, carencia de grandes empresas multinacionales, ausencia de administraciones regionales, sobrecarga del número de funcionarios, sindicalismo en muchos casos inflexible...— que, unidas al problema de escala que comentábamos al principio, complican todavía más sus dificultades de competición internacional.

Y Catalunya también está en crisis. De una manera distinta y seguramente más enigmática. No puede hablarse en propiedad de crisis económica catalana, puesto que la comunidad más industrializada de España ha crecido en los últimos años casi al mismo ritmo que el promedio español. Pero Catalunya ha bajado en algunas tablas importantes, siendo claramente superada por Madrid, el País Vasco, Navarra y las islas Baleares en renta por habitante, según el cómputo de la Contabilidad Regional de España, publicado por el Instituto Nacional de Estadística (INE) en 2005. Catalunya ya no es la principal locomotora de España, pese a producir el 18,85 % del PIB español y fabricar el 25,89 % de la producción industrial total, la más alta de todo el país, claramente por encima de Madrid, cuya fortaleza económica reposa claramente en los servicios (69,2 % del total) y en las extraordinarias sinergias derivadas de su potente capitalidad.

En términos psicoanalíticos podría decirse que en Catalunya ha estallado un notable conflicto entre el Ego y el Superego: entre el diálogo con la realidad y la idealización de la propia personalidad; entre una realidad que se percibe claramente por debajo de las expectativas y un orgullo que siempre ha manado de fuente caudalosa.

Interesante mapa el de las dos grandes alas peninsulares. Ambas dolientes, mientras el centro vive —o vivía— sus mejores horas desde que el cardenal Mazarino atrapó al imperio español en las redes de la paz de Westfalia. El problema, el serio problema, es que en Madrid algunos aún no se han enterado. Y han asistido al renacimiento español con la misma alma en pena de 1898. Con la misma agresividad.

Este retrato era perfectamente válido hasta el verano de 2008. De golpe, las cosas se trastocaron, al menos psicológicamente. El vendaval de la crisis está amortiguando de manera fulgurante la sensación de potente renacimiento español. Las debilidades estructurales del sistema económico afloran ahora con crudeza: un déficit exterior preocupante, una excesiva dependencia del sector de la construcción (posiblemente superior a lo indicado por las estadísticas hasta ahora manejadas), déficit de competitividad en casi todos los demás sectores de la economía, problemas de formación, posible merma del sector turístico a medio plazo, pese a la notable modernización del sector, y una banca tan fuerte como dependiente de la buena salud económica de Latinoamérica, donde opera la mitad de su negocio. Lo que antes era un círculo virtuoso, aparece ahora como un círculo vicioso, cuyo único alivio, a corto plazo, puede venir de cierta recuperación del mercado de la vivienda. En medio de la turbulencia, ni los columnistas más «quevedianos» de la prensa madrileña escribirían ahora esta chulesca afirmación, leída en verano de 2007 —en papel o en Internet, ya no lo recuerdo— cuando la hispánica prosperidad parecía ir viento en popa: «Si España quisiese, podría comprar Portugal».

La crisis española, sin embargo, repercute en Portugal. Porque el sistema peninsular existe, para lo bueno y para lo malo. El valor de las exportaciones españolas a Portugal supera el de todas las ventas a los países de Latinoamérica, cálculo que evidentemente incluye todo el movimiento comercial de las multinacionales con sede en Madrid que operan en toda la península. En el ámbito de la gran distribución comercial, la península es una perfecta unidad, plasmada en las inscripciones en castellano y portugués de tantos productos. Por consiguiente, si España se constipa, Portugal estornuda, tiene tos e incluso unas décimas de fiebre. Si España padece una neumonía, Portugal no tardará en ser hospitalizado.

La crisis está obligando a las empresas portuguesas a buscar mercados e inversiones en Brasil y Angola. Brasil sí que podría «comprar» Portugal. Angola todavía no. Pero que nadie se engañe, Portugal ni puede, ni quiere renunciar a los capitales españoles. Una de las medidas adoptadas por el Gobierno de Lisboa durante el crash de octubre de 2008 consistió en rebajar el impuesto de sociedades al 12,5 %. En los presupuestos de 2009, el Gobierno socialista de José Sócrates introdujo una espectacular rebaja del impuesto a las empresas: del 25 al 12,5 %, muy por debajo del 30 % de España (25 % para las pymes), que es uno de los más elevados de Europa, cuya media se sitúa en el 23,6 %, según datos del Eurostat. Toda una opa fiscal a las miles de empresas españolas que, ubicadas en Galicia, la parte occidental de Castilla y León, Extremadura y Andalucía occidental podrían sentirse tentadas de traspasar la frontera para abaratar costes. Parece claro que el *interland* Oporto-Vigo es el objetivo del Gobierno Sócrates. Un detalle lo confirma: el tributo que grava la actividad empresarial ha pasado a tener dos eslabones: una tarifa impositiva del 12,5 % para compañías con base imponible inferior a los 12.500 euros y otro del 25 % para valores superiores. Los portugueses quieren atraer pequeñas y medianas empresas, no grandes compañías multinacionales. Las multinacionales están en Madrid y, algunas, en Barcelona. Lisboa ha hecho una apuesta de escala «regional» en el interior del sistema peninsular.

Un primer diagnóstico, necesariamente provisional, señala la posibilidad de que la crisis aporte cierto reequilibrio en favor de las periferias peninsulares. Al este, con un posible relanzamiento del Eje Mediterráneo, con dos puertos (Barcelona y Valencia), especialmente aptos para la recepción del tráfico marítimo de oriente y su posterior reexpedición al continente; al oeste, cierta emancipación portuguesa. Lisboa también quiere comprar alguna porción de España. Si puede. Aires de 1640.

PENSÃO LONDRES

Cumplir cincuenta años en la Pensão Londres de Lisboa, con fiebre y leyendo a Pessoa en la cama, es un acontecimiento importante en la vida de uno. Por los cincuenta años, evidentemente. Pero más aún por Lisboa, la ciudad más enigmática de Europa. Blanca, bella, melancólica, como dice el tópico, interesante, pero sobre todo misteriosa. Y por la compañía insomne de Fernando Pessoa, que no fue uno, sino muchos.

La Pensão Londres ocupa tres plantas de un antiguo edificio burgués del Bairro Alto, en la confluencia de Don Pedro V con Rua da Rosa, donde tuvo su redacción el popular diario deportivo A Bola; *una calle empinada, intensa y entrañable que conduce a la luz de la plaza Camoens y a los cuadernos azules de la papelería del señor Luis Bordalo en el Largo de Calhariz. Es un lugar para ser amado. Y quizá para amarse. Un lugar habitado, decíamos, por la turbación de Pessoa, que no fue uno, sino muchos.*

Es Lisboa una ciudad para perderse en los interiores más oscuros de uno mismo. Y quizá no volver. Hay que visitarla con el ánimo fuerte y el alma abierta. Y a Pessoa hay que leerlo con cuidado, con mucho cuidado, como quien maneja un frasco de nitroglicerina, ya que cualquier movimiento brusco de los sentimientos podría conducir a la catástrofe. Lisboa magnetiza porque ha quedado fuera del tiempo y Pessoa, que no fue uno, sino muchos, turba porque nos habla de la escisión irreparable del alma.

Al igual que Kafka en Praga, hoy convertida en un bullicioso parque temático, Pessoa y su tropa —Ricardo Reis, Álvaro de Campos, Alberto Caeiro, Bernardo Soares..., que no fueron muchos, sino uno— se adelantaron cien años a su tiempo. El Gran Escindido intuyó enigmáticamente el mundo que vendría después de las grandes tragedias del siglo. Fue un ángel en el sentido más estricto de la palabra: un mensajero. No queriendo ser uno, sino muchos, anunció que un día los hombres tendrían varias biografías entrando y saliendo constantemente de sus vidas, sin orden ni concierto y sin horarios previamente concertados. Sólo le faltó adivinar que esa facultad de ser múltiples y atribulados no la adquirirían gracias a un impulso poético, o por una voluntad titánica del ser, sino que les sería ofertada con generoso descuento.

Con sus heterónimos, Pessoa preanuncia el hombre que se siente casi un héroe al levantarse, y unos minutos más tarde, desayunando, se transforma en un pusilánime gregario escuchando las arengas de la radio. El hombre cuyo princi-

pal reto laboral es adaptarse al terreno: hoy una agradable pradera, mañana, con la crisis, un siniestro acantilado. Un hombre que puede comer cada día bajo distinta bandera, experimentando sabores radicalmente lejanos; masticando las viejas diferencias del mundo, de repente en el plato. Que viste como un estirado oficinista de la City, de lunes a viernes, y como un cowboy del Lejano Oeste los fines de semana. Que se transforma en un atleta griego en el gimnasio; en un sabio oriental en la clase de yoga. Y en un esclavo romano en el estadio el domingo por la tarde. He ahí el hombre escindido que puede ensanchar el tiempo con sólo apretar el botón de su teléfono móvil o una tecla del ordenador. Que puede ser uno y muchos a la vez. Que debe ser uno y muchos a la vez.

Pessoa preanunció la actual fase posmaterial del capitalismo, cuya principal y obsesiva materia prima es ya, sin límite alguno, el alma humana y sus expectativas, como estamos viendo estos meses de severa crisis. Anunció y experimentó en carne propia el advenimiento del hombre líquido, vaporoso y nebuloso, y los dolores de su múltiple escisión. Dibujó, estático, quieto, siempre en su calle de los Doradores, cómo serían los más sugerentes neones de la industria del Yo. Captó, en una época trágica y narcisista, que la disposición de la vida en esferas aparentemente estables y fuertemente irritables, iba a dar paso a la era de la espuma. Vio la radical soledad del hombre futuro en esa nueva forma informe y adelantó, por consiguiente, la principal y más angustiante cuestión de nuestro tiempo: la identidad. ¿Quién soy yo, que siendo uno soy muchos?

Pessoa se avanzó al desasosiego de Blade Runner *y a la metafísica de* Matrix. *Y Lisboa, que surcó valiente el océano y agitó tremendamente el espíritu europeo tras el terrible terremoto de 1755 (¿«Dónde estaba Dios?», se preguntó Voltaire al tener noticia de la hecatombe), se ha quedado anclada en el tiempo. Ese extraño encuentro de la piedra quieta y la luz tranquila con el espíritu que corre, que se acelera y que se escinde, la convierte en la ciudad más maravillosa de la península. En la más misteriosa. Y en la más terrible.*

EPÍLOGO

LA ESPAÑA DE LOS PINGÜINOS (TRES AÑOS DESPUÉS)

> «¡Odiseo, fecundo en ardides! Tente y haz que finalice esta lucha, este combate igualmente funesto para todos.»
>
> HOMERO, *Odisea*

Escribo este epílogo en un intento, quizá vano, de resumir y encuadrar en un mapa final las ideas, impresiones, observaciones, intuiciones, presagios, paradojas, derivas, derrotas y rumbos inciertos que el lector habrá hallado en los capítulos precedentes. Empecé a trabajar en *La deriva de España* hace casi dos años, en el verano de 2007, sin la más remota idea de que el libro acabaría teniendo un título de inquietante resonancia; un título en el que pesa más la duda que la afirmación. *La deriva de España* no significa lo mismo que *España a la deriva.* No es lo mismo. Soy por principio contrario al catastrofismo. Hay en este país demasiada gente que ni siquiera oculta un profundo deseo de que las cosas vayan mal. No me cuento entre ellos, pero tampoco comulgo con ese optimismo fácil y azucarado que, demasiadas veces, caracteriza al actual oficialismo. Hay que defender la media distancia. Esa es mi opción.

En aquel tiempo, en el verano de 2007, cuando empecé a escribir, en apariencia España aún iba viento en popa, si entendemos por ir bien la envidiable conservación de catorce años consecutivos de fuerte consumo interno y de unas estadísticas de crecimiento económico por encima de la media europea. Nadie hablaba entonces del «ladrillazo», en los términos tan despectivos que usan hoy la mayoría de los medios de comunicación, incluidos aquellos que más lo jalearon, hasta el extremo de presentar a los constructores españoles como los nuevos conquistadores de la economía europea. De conquistadores han pasado a ser caracterizados como bandoleros. Somos un país entregado a la ley del péndulo (¡ay de los vencidos!). Ya ocurrió algo parecido en los años noventa, cuando amigos y admiradores de los más destacados «pelotaris» acabaron encabezando la manifestación contra la «cultura del pelotazo».

Aún recuerdo que algún periódico de Madrid explicaba, hace un par o tres de años, la abrupta manera como Florentino Pérez interceptó, con un par de llamadas telefónicas, el intento de Amancio Ortega de hacerse con el control de Unión Fenosa, operación que habría dado un fuerte acento gallego a la tercera compañía eléctrica del país. El propietario de Inditex es uno de los hombres más ricos de España, es un empresario genial que ha reinventado la industria de la moda, desbancando a los audaces e ingeniosos italianos de Benetton; es un hombre hecho a sí mismo y muy poco amante de los saraos. Es un trabajador. Su único defecto: no frecuentar el palco del Bernabeu, la principal lonja de contratación de las Españas, hasta hace muy pocos meses. Pese a su inmensa fortuna, el industrial Ortega siempre será un periférico. «Florentino Pérez compra Fenosa a Botín en dos llamadas de teléfono», titulaba el Madrid arrogante. En eso, precisamente en eso, consistía el espíritu del hoy denostado «ladrillazo».

Cuando empecé a escribir el libro, en el verano de 2007, el negocio del ladrillo aún no era «ladrillazo», las altas finanzas desprendían aires de arte creativo, el consumo era alto, Miguel Sebastián, apenas recuperado del morrazo de las elecciones municipales en Madrid, todavía le susurraba al presidente Zapatero que España podía llegar a los 60 millones de habitantes (o sea, adelante con la inmigración) y convertirse así en una grandísima potencia europea, capaz de rivalizar e incluso superar a Francia y Alemania. En el verano de 2007, en suma, el barco parecía ir a toda vela.

Pensé entonces, en tiempos de aparente bonanza, que podía ser interesante dibujar una serie de mapas sobre los problemas y las incertidumbres de esa España pujante y a la vez entregada a una dramatización política delirante. Un atlas de la España venidera. Esa era la idea. En realidad pretendía escribir una segunda parte de *La España de los pingüinos*, libro que publiqué en enero de 2006 con el propósito de explicar mi propia perplejidad ante la denominada crispación y denunciar la mala fe de quienes hablaban de una segura balcanización del país. Quería nadar, de nuevo, contracorriente.

La tesis principal de *La España de los pingüinos* era la siguiente: la exagerada crispación política, la supuesta balcanización de España, es un engendro barroco. Es un drama simulado. Es el simulacro de combate de un país hedonista, eufórico, ebrio de consumo, más arrogante de lo que sería prudente, «nuevo rico», alejado de la autoridad católica aunque no descreído (un país difusamente católico, pero muy desobediente del dictado de la jerarquía eclesiástica), con un miedo creciente al futuro y sin una sólida tradición cívico-democrática, como consecuencia de los cuarenta años de dictadura franquista y de un siglo XIX espantoso. Un país con una identidad basculante y complicada. Un país de gente perpleja ante el propio espectáculo político. Un país de pingüinos.

«La concordia es posible», afirmaba el subtítulo del libro. He de confesar que estos últimos tres años me he sonrojado más de una vez leyendo esa frase. «La concordia es posible.» ¡Serás cursi! ¿Cómo has podido escribir una ingenuidad tan grande? Sí, me he sentido y me siento un poco tonto releyendo esa bienaventuranza. He de confesar que la escribí adrede. Muy a conciencia. Qué caray, me gusta llevar la contraria. En otoño-invierno de 2005, a raíz de los debates sobre el Estatut de Catalunya, el ambiente político se había hecho irrespirable. Los demagogos creían tener carta blanca. Era necesario un contrapunto.

Y sigo con mi sonrojo. ¡Serás ingenuo! De nuevo, nada en el aire permite olfatear un futuro de concordia. Nada. Sin embargo, creo que esa cándida afirmación puede que no sea totalmente desmentida por el duro avatar de los próximos años. La crisis económica en curso, pavorosa en algunas de sus manifestaciones, puede desencuadernar España y buena parte de Occidente. Puede sumir este país en una depresión de inciertas consecuencias. Pero también puede activar mecanismos de supervivencia y de civilización interna hasta ahora orillados y despreciados por la arrogancia y la ebriedad del crecimiento. Voy a pecar de nuevo de cursi, de ingenuo y de tonto: veo hoy más cerca el federalismo, un federalismo realmente operativo, no una prédica moral. Es la única solución inteligente al desgaste y a la oxidación del juego de astucias que hace treinta años puso en pie el denominado Estado de las autonomías.

Apenas hay federalistas en España. Es verdad. Y ni falta que hace. En el siglo XIX el federalismo, destacamento avanzado del republicanismo, se convirtió en una suerte de religión civil. Mal asunto. Desafió a la Iglesia católica y salió perdiendo. (Quien en España desafía a la Iglesia católica debe andar con mucho cuidado, señor Rodríguez Zapatero.) Perdió y fue desprestigiado con saña. Aún hoy resuena en el interior de nuestras cabezas el cachondeo del ¡Viva Cartagena! De nuevo esa imagen caótica vuelve a esgrimirse hoy como justificación y ariete de una imposible «recentralización» del país. No habrá vuelta atrás, aunque es posible que los partidarios de la vuelta atrás obtengan resultados notables en próximas convocatorias electorales.

Nos aproximamos, en España y en toda Europa, a un severo balanceo entre desastre y conservación de lo existente; entre depauperación de las clases medias y mantenimiento a la baja de los actuales estándares de bienestar; entre riesgo de estallido social y nueva organización de la solidaridad interna; entre multiplicación de las retóricas extremistas y robustecimiento de la moderación; entre locura y sensatez; entre decadentismo y apuesta en serio por las nuevas generaciones; entre regionalismos excitados y nuevas cooperaciones; entre incertidumbre y liderazgo; entre deriva incierta y rumbo esforzado. Es hoy imposible determinar cuál será el balance en cada uno de estos indicadores. Lo más probable es que las agujas se muevan nerviosas durante mucho tiempo.

Dependerá, en muy buena medida, de la calidad y el talento de quienes estén al mando. *La España de los pingüinos* concluía con una pregunta nada cursi, nada ingenua, nada tonta, de la que no me arrepiento, porque hoy es muy pertinente, absolutamente pertinente: «¿Existe realmente una clase dirigente nacional y patriótica en España?». Una clase dirigente capaz de pactar y conciliar en los próximos años las cinco o seis tareas más urgentes a las que el país se enfrenta: la corrección del modelo económico, literalmente fundido por la crisis financiera; la salvaguarda de la osamenta del Estado del bienestar, sin demagogias, ni abusivas concesiones al endeudamiento público; por consiguiente y como derivada de lo anterior, asegurar el debido respeto a las futuras generaciones; la objetivación de las tensiones territoriales (sin favoritismos, pero sin ahogar a los territorios más dinámicos); el reconocimiento, real, no retórico, de la pluralidad cultural y nacional interna; y una más intensa inserción psicológica e intelectual en el cuadro europeo, al cual debemos los treinta mejores años de nuestra historia.

Creo que es razonable mantener algunas dudas sobre la fortaleza cívica de las clases dirigentes españolas. Emborrachadas por la prosperidad económica, enriquecidas velozmente como no ocurría desde hace siglos, ensoberbecidas por unos éxitos inimaginables durante décadas, las elites (o buena parte de ellas) viven instaladas en el litigio político constante, en busca de las correspondientes rentas de situación, mientras en el piso de abajo la gente de a pie tiende más al pacto, al sentido práctico y a una cohabitación más o menos paciente con la adversidad. Un cierto «coleguismo hedonista» ha dado sentido y forma al alma popular estos últimos treinta años: basta ver las principales series de la televisión. Buena gente que se apaña disfrutando de la vida y que cuestiona poco las estructuras imperantes. Con una única condición: dejar claro cada cuatro años que los que mandan dependen del voto del pueblo. Una sociedad democrática y a la vez despolitizada. O politizada de una manera muy particular.

Lucha por arriba y trapicheo cívico por abajo. Esa es la dinámica imperante desde que los grandes objetivos de la Transición parecieron colmados a finales de los años ochenta: la consolidación de la democracia, la legitimación de la monarquía parlamentaria, el ingreso en Europa y en las demás estructuras occidentales, la mejora y ampliación de las elites profesionales, la estabilización y codificación de las tensiones territoriales, la conversión de ETA en una enfermedad crónica pero no mortal, y la búsqueda de la prosperidad material mediante una fuerte revalorización de los valores inmobiliarios así en el centro mesetario como en la periferia, muy especialmente la mediterránea.

Este cuadro corre hoy el riesgo de quedar seriamente desbaratado por la crisis. Crecerán las tensiones. La España de abajo será mucho menos paciente. El «coleguismo» menguará. El brusco colapso de la economía convierte a la inmigración en un ejército laboral de reserva en algunos casos próximo al esclavismo. En muchas ciudades españolas se está regresando al prestamismo de los años sesenta. Hay inmigrantes que trabajan por salarios irrisorios. Los sindicatos tendrán serios problemas para mantener el espíritu de concertación. Las medidas paliativas del Gobierno tienen un recorrido limitado. El déficit y la deuda no podrán expandirse alegremente, so pena de embocar la «avenida Italia» y cargar el muerto a las jóvenes generaciones. La España de abajo será menos pacífica y tolerante en los próximos años.

¿Cómo se comportarán los de arriba? He ahí la clave de la incierta deriva de España. Por ello es pertinente la imagen, que a modo de provocación, figura en la portada del libro y que quizás habrá sorprendido al lector. Es razonable cierta inquietud sobre la verdadera existencia de clase dirigente nacional y patriótica, por muy cursis que parezcan ambos adjetivos en la primera década del siglo XXI. Formulemos la pregunta con un lenguaje un poco más contemporáneo: ¿sabrán articular y defender los grupos dirigentes una mínima noción de bien común y de interés compartido? ¿Sabrá generar España un denominador común que absorba las tensiones internas sin entregarse a la quimera de un regreso al pasado?

No es fácil.

Dependerá del talento político de los gobernantes (del actual turno, o del siguiente); de la fortaleza, la independencia y sentido cívico de los medios de comunicación (otro asunto a revisar); de la responsabilidad de las organizaciones sociales; del sensato arbitraje de la Jefatura del Estado; de los inciertos vendavales del mundo, por supuesto, y, en última instancia, de la voluntad y de la capacidad real de sofocar y canalizar el principal de nuestros defectos. Ese fondo de fanatismo mahometano del alma ibérica del que hablaba Pessoa. Ese punto de turbación que aún late en lo más profundo del país: en el centro y en la periferia; en Castilla, en Andalucía y en toda la España del Este (que será decisiva en los años que vienen); en los valles vascos, que no conocieron al moro, pero, para su desgracia, tampoco a los romanos; en la Conferencia Episcopal y en los círculos masónicos (si es que todavía existen); en los modernos furores liberales y en las nuevas células de las izquierdas (san Obama mediante); en las costas de Finisterre y del Empordà; en la Puerta de Hierro, en Pedralbes, en Triana, en Carabanchel y en el Raval. En los dos archipiélagos y en las inexistentes posesiones de ultramar.

Madrid, 5 de enero de 2009

AGRADECIMIENTOS

En primer lugar, a la infinita paciencia de la tripulación; a la esmerada cartógrafa y a la joven vigía. A Ana Czeizler (siempre). Al aliento de los amigos y a la memoria de Manuel Moreno Mauricio, que hace años, en Badalona, me enseñó a ser algo tenaz (al principio sólo era tozudo). Al diario *La Vanguardia*, alto almirantazgo que me destinó a Madrid con una única consigna: navegación atenta y periodismo aireado (sin duda el mejor diario de España, dice cada vez más gente). A Sergio Vila-Sanjuán, que un día me presentó al editor de estas páginas, y a Álvaro Palau, que me ayudó a trajinar papeles y a descifrar algunas bitácoras. Al profesor y excelente amigo Josep Vicent Boira, por el prólogo y por un almuerzo compartido en Valencia en el que reviví mi pasión infantil por la geografía. A Antoni Puigverd, que siempre escucha. Y a las lecturas, el denso Sloterdijk, Homero y sus ardides, el enigmático Pessoa, con las que durante dieciocho meses he idealizado los mapas (no hay escritura sin deseo). A Lisboa.